Uma questão de amor

Romance entre mulheres

Dados Internacionais de Catalogação na Publicação (CIP)
(Câmara Brasileira do Livro, SP, Brasil)

Bennett, Saxon
Uma questão de amor / Saxon Bennett ; [tradução : Dinah Kleve].
– São Paulo : Summus, 2000.

Título original: A question of love
ISBN 85-86755-25-7

1. Homossexualismo 2. Lesbianismo 3. Romance norte-americano
I. Título

00-4690 CDD-813.5

Índices para catálogo sistemático:

1. Romances : Século 20 : Literatura
   norte-americana   813.5
2. Século 20 : Romances : Literatura
   norte-americana   813.5

Compre em lugar de fotocopiar.
Cada real que você dá por um livro recompensa seus autores
e os convida a produzir mais sobre o tema;
incentiva seus editores a traduzir, encomendar e publicar
outras obras sobre o assunto;
e paga aos livreiros por estocar e levar até você livros
para sua informação e seu entretenimento.
Cada real que você dá pela fotocópia não autorizada de um livro
financia um crime
e ajuda a matar a produção intelectual.

Uma questão de amor

Romance entre mulheres

SAXON BENNETT

Do original em língua inglesa *A question of love*
Copyright © 1998 by Saxon Bennett
Publicado por acordo com a The Naiad Press
Direitos para a língua portuguesa adquiridos por Summus Editorial,
que se reserva a propriedade desta tradução.

Projeto gráfico e capa: **Brasil Verde**
Editoração eletrônica: **Acqua Estúdio Gráfico**
Tradução: **Dinah Kleve**
Editora responsável: **Laura Bacellar**

Edições GLS
Rua Itapicuru, 613 cj. 72
05006-000 São Paulo SP
Fone (11) 3862-3530
e-mail gls@edgls.com.br
http://www.edgls.com.br

Atendimento ao consumidor:
Summus Editorial
Fone (11) 3872-3322 e 3862-3530

Distribuição:
Fone (11) 3873-8638
Fax (11) 3873-7085

Impresso no Brasil

Para Lin,
por ser o meu maravilhoso acaso.
O que teríamos feito sem a mão brincalhona da providência?

E para Crappapore,
pelas costeletas e sanduíches de atum pela manhã e todas
aquelas enormes imprecações todos os domingos.

1

Houve um tumulto na rua e duas senhoras de idade soltaram um grito penetrante quase em uníssono. Rachel agarrou o braço de Hope e a puxou para dentro da quitanda. Um rastro humano passou correndo sobre um par de patins, saltou por cima do hidrante, desviou da barraca e gritou "Ei!", antes de fazer uma parada brusca e rodopiar em torno de Rachel para cumprimentá-la.

Uma mulher jovem, vestindo uma camiseta surrada, bermudas que deixavam parte das calcinhas à mostra e um boné de beisebol virado ao contrário sorria para Rachel.

— Fico feliz em ver que você continua a mesma selvagem de sempre — disse Rachel.

— Não gostou do meu visual moleque?

— Não é isso, é o seu modo de patinar que me aterroriza. Você faz os patinadores de Nova York parecerem inofensivos. Ganhou mais alguma multa para aumentar a sua coleção?

— Sim, o xerife Bedford me aplicou uma na semana passada. Fiz uma curva rápido demais e quase derrubei um grupo de senhoras que ia às compras quando elas saíam do ônibus da excursão. Não feri ninguém, mas fiz um estrago na Mercedes Benz da prefeita Lasbeer quando fui forçada a fazer um desvio passando por cima do seu capô. Acabei arrancando um pouco de tinta.

Hope Kaznot desatou a rir. Rachel e Emerson voltaram-se para ela.

— Eu não tive a intenção de rir de você. Espero que não tenha se machucado — disse Hope, limpando as lágrimas de seus olhos com a ponta da camiseta.

— Vai ter que desculpá-la; ela não ri há semanas. Acho que você desfez o feitiço — explicou Rachel.

Emerson inclinou a cabeça e olhou para Hope por cima das lentes de seus óculos escuros.

– E quem é a sua bela amiguinha? – ela perguntou.

– Hope Kaznot, eu lhe apresento Emerson Wells – disse Rachel.

Hope estendeu cuidadosamente a pequena mão que Emerson apertou com gentileza.

– Hope vai passar o verão comigo – disse Rachel.

– Namorada? – perguntou Emerson.

– Não, ela está fugindo da dela – explicou Rachel.

– Rachel! – disse Hope.

– Bom, você está ou não? – perguntou Emerson.

Hope não estava bem certa de que seria capaz de se adaptar à vida numa cidade pequena. Em Heroy, nada era sagrado, o decoro era lançado aos sete ventos e a honestidade era o sabor da moda das sorveterias existenciais do lugar. Hope achava isso amedrontador. Ela era fruto de uma família bem-educada de Boston, em que ninguém discutia os pequenos tremores que ocorriam sob a fachada polida de cada um.

O fato de deixar sua namorada por estar sofrendo de um caso agudo de tensão nervosa, termo educado para se referir a um colapso nervoso, não era algo que ela quisesse discutir com uma perfeita estranha. Qualquer um que tivesse passado os últimos três anos com Pamela Severson estava fadado a alguns sofrimentos.

Mesmo contra a sua vontade, Hope acabou confessando:

– Sim, eu estou dando um tempo do dínamo excessivamente ambicioso e altamente talentoso que é a minha namorada.

– E tudo bem para ela? – perguntou Emerson.

– Eu não diria exatamente que ela vibrou com a idéia.

– Todo mundo precisa tomar um fôlego de vez em quando – disse Rachel.

– Você vai passar o verão todo aqui? – perguntou Emerson, obviamente contemplando as possibilidades de ter alguém novo na cidade.

– Ela vai, e eu espero que você me ajude a entretê-la. De uma maneira adequada, é claro – acrescentou Rachel, lembrando-se subitamente do comportamento nada ortodoxo de Emerson.

– Hum... – disse Emerson, partindo sobre os seus patins, para depois voltar-se mais uma vez. – Vamos ver.

Hope e Rachel chegaram ao café do qual a mãe de Rachel, Katherine, era proprietária e gerente. Rachel ia trabalhar ali durante o verão. Hope tinha vindo para descansar. Estava embaraçada pela falta de habilidade para cuidar de sua própria vida, mas sabia que precisava relaxar, ganhar peso e dormir.

Hope teria passado o verão em Nova York às voltas com Pamela e ligado aos prantos para Rachel todas as tardes se um médico não tivesse sido inflexível quanto a mandá-la para algum lugar tranqüilo – um hospital particular ou algum lugar fora da cidade. Rachel havia elaborado o plano perfeito. Pouco antes de fechar a porta do carro e acenar um adeus, Pamela deu um show, usando gestos excessivos para expressar o seu descontentamento, repreendendo Hope por não ser forte, por ter perdido peso, por ter perdido a cabeça. Hope se acovardara e protelara a viagem, sem fazer planos de partida definitivos que incluíssem época, dia ou século.

Até Rachel encurralá-la. Era fim de tarde e Pamela estava fora, num de seus vários compromissos na faculdade. Hope estava bebendo um uísque e olhando para as luzes da grande baía, que atravessavam a vidraça e dançavam sobre o chão brilhante de madeira do sótão. Rachel caminhava a passos largos, chegava a marchar. Hope sentou-se na antiga poltrona de couro de seu pai, apertando os braços pensativamente, lembrando como Pamela e sua mãe odiavam esta poltrona. Ela a havia salvo das duas, primeiro quando o seu pai morreu e sua mãe fechara a casa para mudar-se para a Flórida, onde, segundo ela, a poltrona não combinaria com a decoração, e depois de Pamela, quando elas decidiram montar uma casa juntas.

– Essa mulher vai ser a sua morte – disse Rachel, referindo-se a Pamela. – Não consigo entender o porquê de tanto drama. É só um verão. Ela não vai nem se dar conta de que você foi embora, exceto quando precisar aparecer com a sua namorada atraente. Durante o resto do tempo estará fora, comparecendo a todos aqueles seus compromissos acadêmicos. Você passa mais tempo comigo do que com ela. Nós formamos um casal muito melhor, e olhe que nem somos namoradas! – disse Rachel, servindo um outro uísque para Hope.

– Talvez nós devêssemos nos tornar um – sorriu Hope.

Rachel se derreteu. Era difícil resistir a Hope, com seus cabelos loiros despenteados e seus olhos azuis, sentada confortavelmente em sua poltrona preferida, ouvindo os gritos de outra mulher autoritária. Rachel desmontou.

– Desculpe. Eu cuidarei de tudo. Você vai ter tempo e espaço para respirar novamente. Prometi à minha mãe que a ajudaria no café. Vai haver um monte de feiras por lá e agora é alta estação. Eu trabalharei e você poderá sair, dormir, ler, estudar alguma obscura filosofia oriental... Qualquer coisa.

– Eu não durmo, lembra? – disse Hope, tentando se lembrar da última vez que havia ido para a cama e despertado nela ao amanhecer. Ela costumava acabar a noite na casa de Rachel, bebendo uísque e assistindo a filmes antigos no meio da madrugada. Talvez ela devesse fazer mestrado em cinema em vez de assuntos femininos.

Rachel freqüentava a faculdade durante o dia e trabalhava como garçonete à noite. Morava duas portas à frente de Hope. Pamela, dormindo abençoadamente, sabendo que era bem-amada e bem-sucedida, nem imaginava que sua namorada estava em outro apartamento, naquele mesmo corredor, sendo embebedada por outra mulher.

Ela levantava a cada manhã e encontrava Hope bebericando o seu café e lendo o jornal. Pamela foi pega completamente de surpresa quando o médico diagnosticou que Hope estava com um grave caso de tensão nervosa. Ela estava abaixo do peso, levemente desnutrida e com o sono atrasado. Foi só depois de ela ter desmaiado durante uma prova e ter sido socorrida pelos paramédicos, que as pessoas perceberam que ela estava doente.

– Você precisa descansar. Se ficar na cidade, ela vai lhe arrastar por aí e deixá-la nervosa, e você nunca vai conseguir se formar porque estará enfiada num sanatório qualquer. Diga isso a ela – disse Rachel.

– Como se ela fosse acreditar em mim – respondeu Hope. – Ela já acha que eu sou uma perfeita idiota sem isso.

– Eu não acho. Você é a protegidinha dela.

– Não, eu fico bem com uma roupa a rigor e sei que talher usar.

— E é boa de cama — disse Rachel, despenteando o seu cabelo.

— Como você sabe disso? — perguntou Hope, indignada.

— Pamela me contou.

— Ela lhe disse isso?!

— Não há do que se envergonhar. Ela só estava listando os atributos necessários para a esposa de uma estrela acadêmica lésbica.

— Ficar bem em trajes a rigor e ser boa de cama — disse Hope, levantando-se abruptamente e servindo-se de mais um uísque, chegando a pensar por um momento que poderia acrescentar o álcool à sua lista de problemas.

— Por que você está tão zangada? — perguntou Rachel, assustada.

— Porque eu não acho que vim a esse mundo para ser uma boa trepada para uma aspirante à carreira acadêmica que jamais se sentirá completa se não conseguir eclipsar todas as outras feministas lésbicas críticas, desde o início dos tempos, que se espalharam por esse buraco que nós chamamos de mundo. Está decidido. Eu vou e não dou a mínima para o que ela disser. Posso levar a minha poltrona? Eu não tenho coragem de deixá-la com ela — perguntou Hope, apertando ternamente o topo da poltrona.

— Claro, nós a prenderemos no alto do carro — respondeu Rachel.

Pamela não ficou nada contente quando Hope lhe disse que estava indo embora.

— Eu não entendo. Você realmente deveria se cuidar melhor. Não vai querer que eu banque a sua enfermeira, cuidando para que você dê conta das tarefas normais com as quais o resto de nós consegue lidar bastante bem. É simples, quem come e dorme direito não fica doente. Isso é tão típico seu, deixar as coisas fugirem ao controle desse jeito. Na hora que eu mais preciso de você, você foge. Eu não quero uma companheira psicótica. Não tenho tempo para isso.

— Então talvez você devesse procurar uma nova namorada. Você poderia colocar um anúncio: "Lésbica acadêmica deseja esposa estonteante, submissa, que fique bonita em trajes a rigor, saiba manejar máquinas de lavar e trepe bem." No que diz respeito a mim, você pode pegar o seu conjuntinho de atributos conjugais apropriados e enfiá-los no rabo!

Pamela deu-lhe um tapa.

Com uma marca ainda claramente impressa em sua bochecha, Hope correu para a casa de Rachel aos prantos. Ela ficou furiosa.

– Só porque você resolveu erguer a voz em sua defesa uma vez na vida, isso não dá a ela o direito de bater em você – disse Rachel, enquanto abraçava uma Hope soluçante. Hope passou a noite lá.

Na tarde seguinte, quando Hope voltou para casa, Pamela estava à sua espera com flores, desculpas e olhos assustados.

– Estou tão arrependida. Eu não queria machucar você – disse Pamela, enquanto lágrimas lhe brotavam dos olhos. – Eu te amo e vou sentir a sua falta, mas quero que você se recupere. Se você precisar passar um tempo longe, eu compreenderei. Eu não quero perder você.

– Você não vai, eu prometo.

Pamela carregou-a para a cama e fez amor com ela suavemente, beijando-a mais e mais, tentando fazer com que a dor que ambas estavam sentindo desaparecesse.

– Eu nunca mais vou bater em você, juro. Nunca, nunca.

– Shh, eu sei – disse Hope. Ela adormeceu com a cabeça no ombro de Pamela, deixando sua namorada a contemplá-la, perguntando-se porque a havia magoado.

Foi difícil partir. Pamela voltou a ser novamente a mulher atenciosa e sensível por quem Hope havia se apaixonado. Mesmo assim, ela não deixou de sentir um enorme peso sair de seu peito. Ela podia respirar novamente. Ao pegar a estrada, fazendo as velhas brincadeiras de "qual é a música" e "pensar numa pessoa", fumando um baseado, ela sorriu.

– Adoro estradas – disse Rachel, sorrindo e colocando seus óculos escuros quando o sol começou a se erguer.

– Eu também – disse Hope, reclinando o banco e apertando a mão de Rachel.

E agora, lá estavam elas sentadas no café da mãe de Rachel, tomando coca-cola, comendo batata frita e ouvindo histórias antigas.

– Se a comida da minha mãe não a fizer engordar, nada o fará – disse Rachel, batendo em suas coxas e virando o resto das batatas no prato de Hope.

– Você é perfeita do jeitinho que é – disse Hope.

– Eu não sou exatamente esbelta.

– Não é preciso ser esquelética para ser atraente.

– Você me acha atraente? – provocou Rachel.

– Muito – respondeu Hope, colocando o braço em torno dos ombros de Rachel e beijando o seu rosto suavemente.

– E então, Hope, o que você achou da nossa cidadezinha até agora? – perguntou Katherine, examinando-as e se perguntando até onde ia a relação das duas.

Katherine Porter era uma mulher de seus cinqüenta e muitos anos, com cabelos curtos e grisalhos. Usava camisas, jeans e botas, sem, no entanto, adquirir um aspecto completamente masculino. Havia algo de inegavelmente feminino nela. Ela parecia a mulher de um rancheiro. Tinha grandes olhos castanhos que davam a Hope a sensação de que poderia mergulhar neles um belo dia e nunca mais ser encontrada. Era bom olhar para mulheres com olhos de cores suaves, em tons terra. Rachel tinha os olhos da mãe, e Hope sempre ansiou por eles no final de um dia passado com os olhos cinza metálicos implacáveis de Pamela.

– A primeira pessoa que ela conheceu hoje foi Emerson Wells, que quase nos atropelou – disse Rachel.

– Emerson... – disse Katherine sorrindo.

– Algumas vezes a minha mãe parece amar mais a Emerson do que a mim mesma – disse Rachel, bem-humorada.

– Isso é porque você tem uma mãe e ela não.

– O que você está dizendo? Toda a cidade a trata como se ela fosse da família – disse Rachel.

– Esta cidade não existiria se não fosse pelos Emerson. O bisavô de Emerson veio para cá e encontrou cobre. Esta cidade já foi de mineração; depois, fantasma...

– E depois se transformou numa Meca para artistas, gays e lésbicas – interrompeu Rachel.

– Mas não foi assim que tudo começou.

– Mas é assim que é agora – disse Rachel.

– Quer dizer que toda a cidade é gay? – perguntou Hope.

– A cidade toda não, mas a maioria dela – disse Rachel.

– E todo mundo lida bem com isso? – perguntou Hope.

– Na maioria das vezes, exceto os dois homens que perderam as suas esposas para duas lésbicas quando se mudaram para cá. Os rapazes tentaram armar um barraco, mobilizar os jornais, mas tudo o que conseguiram fazer foi aumentar a população da cidade. Agora nós temos artistas de tudo quanto é canto do mundo por aqui, o que nos rendeu mais uma feira de artes. Os heteros desta cidade vivem rodeados por homossexuais há tanto tempo que eu acho que eles acabaram se esquecendo de como é não ser um deles – disse Katherine, sorrindo para Hope.

– Nós já temos até uma segunda geração de lésbicas nessa cidade; Rachel é uma delas – disse Berlim, trazendo uma bandeja de cerveja para as jovens mulheres que trabalhavam com as barracas da feira de artes.

– Será que eu poderia tomar um uísque com gelo? – perguntou Hope, dando uma olhada na bandeja repleta de bebidas.

– Aleluia, mais alguém em casa que bebe! Que bom para você, querida. Não há nada de errado com uma bebidinha. Dê só uma olhada em Berlim. Ela já deveria estar enrugada e veja só. Muitíssimo bem conservada para a idade dela. Não é como esses pesos leves que temos aqui – disse Katherine, dando um tapinha no alto da cabeça de Rachel.

– Eu não sou um peso leve. Eu bebo. Só não caio em lagos, nem me esborracho em escadas e árvores antes de chegar na porta de casa – replicou Rachel.

Katherine deu de ombros.

– Algumas vezes nós perdemos um pouco o controle, mas, que diabos, isso nunca machucou ninguém – ela disse.

– Exceto aquela vez em que Berlim foi flagrada tirando a roupa na Dwight Emerson como se fosse a rainha da Inglaterra – disse Rachel.

– Uma pequena indiscrição. Além disso, era quatro de julho, e Berlim é de origem inglesa. – disse Katherine.

– Se ela é tão inglesa, como foi ter um nome como Berlim O. Queen? – perguntou Rachel.

– Querida, eu já lhe contei isso. A mãe de Berlim foi cantora de cabaré durante a guerra, a maior de todas. Foi expulsa e voltou à sua terra natal bastante amarga. Morreu assim, uma mulher amarga. Não acredito que tenha havido uma mulher mais enfurecida com a maldita guerra do que a mãe de Berlim. Ela arruinou a sua carreira. Não há nada pior do que uma carreira arruinada para mudar a postura de uma mulher, para acabar com a sua vida amorosa. Ela deu esse nome a Berlim por causa de seus sonhos atormentados – disse Katherine, sorrindo para Berlim, que papeava com o grupo das barracas no canto.

Berlim combinava com essa cidade; era a presença mais forte de lá. Aquelas mulheres já estariam acabadas antes que Berlim tivesse começado a se divertir. Elas então iriam ao café para uma boquinha no final da noite ou no café da manhã. Berlim O. Q. era a câmara de comércio da cidade.

Hope olhou para Berlim. Ela a havia assustado enormemente pela manhã. Foi horrível. Hope estava tomando banho. Era cedo. Ninguém estava acordado ainda, portanto ela decidiu tomar um banho de banheira cheio de espuma e ler um pouco. A chave da porta não estava funcionando, mas parecia que todos estavam dormindo. A próxima coisa de que ela se lembrava era daquela mulher cheia de um troço verde na cara entrando no banheiro aos berros, abrindo a torneira e se enfiando na banheira antes de se dar conta de que já havia alguém dentro dela. Hope ficou mortificada.

Berlim entrou na água e descobriu outra pessoa lá. Riu histericamente enquanto Hope tentava, desesperada, não olhar para aquela mulher mais velha, sem roupa, com um pé dentro da banheira. Berlim jurou que elas seriam amigas para sempre, já que haviam se conhecido nuas. Hope não compreendeu exatamente a sua lógica. Berlim então lhe perguntou se ela se importaria em compartilhar a banheira, e as duas tomaram banho juntas. Não foi tão ruim como ela poderia ter pensado. Elas tiveram uma boa conversa. Hope lhe contou a respeito de Pamela e a razão de estar lá. Berlim pareceu compreender. Durante o café da manhã, Hope pôs-se a pensar em como os hóspedes eram tratados na sua família, seqüestrados de algum lugar, cuidadosamente mantidos e protegidos de todas as formas de desprazer. Exigia esforço, na melhor das hipóteses. Aqui, contudo, Hope fora acolhida no seio da família de Rachel e admitida para participar com elas dos acontecimentos. Ela estava começando a achar que preferia a segunda opção.

Berlim voltou até elas. Era uma mulher bonita, de quadris voluptuosos, que exalava uma sensualidade antiga. Seu sotaque ácido britânico havia se suavizado com a vida numa cidade pequena, tendo adquirido um sabor suave, uma estranha mistura de caipira e intelectual.

– Queridas, eu andei pensando e achei que já era hora de fazermos um jantar, com copos de cristal e tudo mais e o meu famoso quiabo com galinha. – disse Berlim, despenteando o cabelo de Hope.

Rachel olhou para ela de maneira estranha, reconhecendo o seu próprio gesto no de Berlim. Ela provavelmente já havia feito a mesma coisa milhares de vezes.

– As pessoas fazem isso com você o tempo todo, não é? – disse Rachel.

Hope sorriu para ela, pensando que nem todo mundo, pelo menos não Pamela nem a sua mãe, pessoas que professavam amor, mas não o demonstravam.

– Ora, querida, ela tem cabelos lisos, despenteados, finos e louros e uns olhos azuis de matar qualquer uma – disse Berlim, enquanto Hope olhava para ela. – Você tem sorte de eu ser velha e casada, ou eu a estaria cantando descaradamente.

Hope enrubesceu. Rachel sorriu para ela simpaticamente e despenteou o seu cabelo de maneira afetuosa.

– Voltando ao jantar, acho que deveríamos comemorar a sua chegada. Rachel, vou deixar ao seu encargo ir até a casa de Emerson e convencê-la a vir. Ela anda encaramujada novamente. Meu Deus, eis-nos aqui às portas do século XXI e aquela mulher se recusa a ter um telefone. Querida, você precisa entrar em contato com Lutz também – disse Berlim, olhando para Katherine.

– Eu não creio que seja uma boa idéia convidar a prefeita Lasbeer se Emerson também vem – disse Rachel.

— Mas Lutz é tão legal. Eu odiaria que Hope perdesse a oportunidade de passar uma noite com a figura mais proeminente da cidade. Emerson e Lutz se dão bastante bem na maior parte do tempo, exceto quando Emerson comete infrações no tráfego — disse Berlim.

— Lembre-se do incidente com a Mercedes na semana passada — lembrou Katherine.

— Emerson já pagou mais do que o necessário pelos prejuízos. Deus sabe que ela tem bastante dinheiro. Por que ela insiste em viver naquele prédio horrível de tijolos na Third Street é algo que está além do meu alcance — disse Berlim, balançando a cabeça.

— É um estúdio, Berlim — disse Rachel.

— Chame como quiser, o lugar é um buraco, talvez um buraco onde se possa trabalhar, mas não um buraco para viver — disse Berlim enfaticamente.

— Emerson é artista? — perguntou Hope, tentando imaginar a jovem mulher com aspecto de rapazinho que ela havia conhecido como uma artista.

— Escultora, para ser mais exata — respondeu Katherine —, e muito talentosa.

— Seja como for, Rachel, dê um pulo até lá enquanto eu levo Hope às compras — disse Berlim, tirando o avental.

Hope pareceu um pouco assustada.

— Não se preocupe, querida, eu não vou machucá-la. Afinal de contas, nós já tomamos banho juntas — disse Berlim acenando para ela. — Nós temos muito sobre o que conversar.

Rachel sorriu para ela:

— Acho que você foi adotada.

2

– Onde está a sua bela amiguinha? – perguntou Emerson, desviando os olhos do seu trabalho.

– Berlim a carregou para as compras. Elas ficaram grudadas depois que tomaram um banho de banheira juntas essa manhã – disse Rachel sorrindo.

– Nossa, que imagem! – disse Emerson, levantando e limpando as mãos.

– Como se chama essa? – perguntou Rachel, passando a mão na peça.

– "O desejo deixa uma feia marca" – disse Emerson rindo. – Eu não sei. Só faço as esculturas; é a minha agente que inventa os títulos requintados.

– Meu Deus, eu tinha me esquecido de como elas eram bonitas e grandes. É estranho ver a si mesmo em metal, tamanho natural, frente a frente.

– Essa é a força e o atrativo delas, minha querida. Falando nisso, você vai posar para mim neste verão? – disse Emerson, aproximando-se de Rachel e tomando um cacho de seus cabelos nas mãos. Seus olhos se encontraram. Emerson a puxou para mais perto.

– Tenho sentido a sua falta – ela sussurrou.

– Você diz isso todo ano – disse Rachel.

– Você sabe como são esses romances de verão – disse Emerson, abraçando-a, sentindo seus corpos se unirem novamente. Rachel era a única mulher com quem ela se permitia essas liberdades. Rachel afastou-se delicadamente.

Ela foi até a janela e olhou para a rua lá em baixo, alvoroçada com a equipe das barracas e com os artistas afetados e temperamentais preparando as suas mercadorias. As quatro lésbicas da Califórnia estavam montando uma outra barraca. Duas louras, uma ruiva e uma morena – uma de cada tipo.

Rachel voltou-se e encontrou Emerson tirando a argila de suas unhas com uma espátula.

– Emerson, por que foi que você nunca mais arranjou uma namorada?

– Depois que você partiu o meu coração, as mulheres nunca mais pareceram iguais para mim – respondeu Emerson, dando um trato na unha do seu dedo mindinho.

Rachel pegou uma coca-cola da geladeira. Emerson, assim como ela mesma, não bebia álcool. Antigamente, sim, mas tivera um problema grave com o álcool depois de Angel ter ido embora. Algumas vezes Rachel se perguntava se as suas vidas teriam sido diferentes caso Angel não tivesse se intrometido entre elas. Será que elas teriam continuado a namorar? Parecia raro que os primeiros amores vingassem. Mas elas tinham sido boas primeiras namoradas, descobrindo os adoráveis meandros de cada uma com o encanto característico da juventude. Rachel raramente sentia este tipo de desejo. E como houve muito desejo, nos dias em que elas não podiam ter o bastante uma da outra, tudo o que faziam, todos os lugares para onde iam eram um pretexto para transar. Era maravilhoso.

Mas então veio o tempo de amadurecer. Rachel foi para a costa oriental para freqüentar a universidade e Emerson foi estudar em Paris. Durante algum tempo elas se escreveram e passaram ainda mais um verão juntas. E então tudo mudou.

As cartas começaram a rarear. Elas ainda se encontraram, ficaram juntas. Se arrependeram da separação. E então houve Angel. No verão em que Emerson não veio para casa, nada foi efetivamente dito para explicar o que estava acontecendo. Rachel ficou à vontade para imaginar o que quisesse. Seu pior medo tornou-se realidade. Emerson veio para casa com sua nova namorada, uma esposa, uma namorada adulta, uma linda mulher chamada Angel. Emerson quis que Rachel a entendesse.

Durante dois anos a vida das duas foi uma terrível bagunça. Rachel manteve-se distante até receber um chamado urgente de sua mãe. Emerson estava fora de controle. Angel havia partido para entrar no convento, qualquer coisa ligada a não ser capaz de conciliar o seu amor por Emerson com os seus fortes princípios religiosos.

Emerson estava mais auto-destrutiva do que Rachel jamais havia visto. Depois veio o silêncio, a vida reclusa e a criação das mais belas esculturas, forjadas na sua própria angústia, no ódio a si mesma e no amor ardente que nenhuma chuva poderia apagar. E agora Rachel e Emerson eram amigas.

– Não minta. Isso não combina com você. Angel a curou.

– E eu suponho que você vai dizer agora que, assim como acontece com um bom vinho, alguém precisa abrir a garrafa – disse Emerson, olhando para ela de maneira intrigante, com aqueles olhos azuis intensos.

Rachel sorriu.

– Sabe, algumas vezes eu desejei que tivéssemos nos conhecido mais tarde, que fôssemos a segunda ou a terceira namorada uma da outra. Eu gostaria de ter sido a sua mulher.

– Você teria sido uma bela esposa – disse Emerson, tomando a sua mão e sentando-se ao seu lado. – Mas não existe segunda chance, não é mesmo? Já aconteceu muita coisa desde então. E falando em namoradas, onde está a sua?

– Em algum lugar por aí – disse Rachel suspirando.

– Você deveria tentar alguma coisa com aquela sua linda amiguinha – disse Emerson, tomando um gole do refrigerante de Rachel.

– Hope?

– Sim, ela parece legal. Parece um pouco frágil, mas você sempre foi boa em cuidar de nós, quebradiças.

– Impossível. Pamela, a namorada de Hope, a mantém com mãos de ferro.

– Muita coisa pode acontecer durante um verão, como nós duas sabemos muito bem.

– É verdade. Jantar às seis, então? Falando em Hope, eu estava contando com você para ajudá-la a se recuperar. Ela precisa de uma amiga, alguém que não seja eu para dar a ela um pouco de alegria de viver novamente. Ela não vai trabalhar durante este verão e eu não quero vê-la choramingando pelos cantos da casa. Eu quero que ela se divirta, e você foi acusada de estar se escondendo novamente. Vai ser bom para vocês duas.

– Eu tenho trabalhado muito – disse Emerson, esticando o braço e apontando várias peças.

– Demais, e se escondendo. Eu a conheço, Emerson. Você patina e esculpe e faz as duas coisas para fugir do seu próprio corpo e da sua mente. Você precisa ampliar os seus horizontes.

– E você acha que bancar a babá da sua bela amiguinha vai me curar dos meus demônios?

– Vale a pena tentar – disse Rachel, caminhando para a porta.

– Às seis, lembra? Aliás, você se acertou com Lutz, não foi?

– É claro. Você achou que eu ia fugir na calada da noite e deixar a cidade sem pagá-la? Eu já paguei por todos os prejuízos. Pelo jeito, ela vai estar lá, eu presumo.

– Vai.

3

– Ela não virá – disse Katherine, olhando para o relógio e choramingando. Eram seis e meia. – Ou ela chega na hora ou não vem. Rachel, ela não está nada bem. Mal consegue sair daquele estúdio e, quando o faz, simplesmente atormenta a cidade sobre aqueles terríveis patins. Ela nunca pára um pouco para conversar; só apavora os outros quando passa zunindo.

Berlim ergueu os olhos dos guardanapos que estava dobrando.

– Mande Hope ir buscá-la – ela disse.

Todos pararam e olharam para ela.

– Por que Hope? – perguntou Rachel.

– É, por que justo eu? – disse Hope, sabendo que Berlim ia, de alguma maneira, forçá-la a fazer mais alguma coisa terrivelmente extrovertida, provavelmente a terceira do dia.

– Porque ela é bonita – disse Berlim.

Hope enrubesceu.

– Emerson pode ser muitas coisas, mas é, no fundo, um cavalheiro sulista. Não consegue recusar o convite de uma bela mulher – afirmou Berlim enfaticamente.

O rosto de Katherine se iluminou:

– Ela tem razão, Hope, vá buscá-la.

– Mas eu nem sei onde ela mora – disse Hope, enquanto Rachel a empurrava para a porta. – Eu nem a conheço. Não se pode mandar um perfeito estranho buscar alguém para um jantar.

– Em Heroy ninguém é estranho. A casa dela fica bem junto ao mercado, no terceiro andar, o prédio de tijolos. Não tem como errar – disse Katherine. – E diga a ela para se apressar. A comida está quase pronta.

Hope encrespou as mãos dentro dos bolsos enquanto caminhava pela rua. "Não posso acreditar que isto esteja acontecendo", ela pensou. "Eu tomei banho com uma mulher que tinha acabado de conhecer e que tem idade para ser minha mãe e estou indo pegar alguém que obviamente não quer vir. E isso deveria ser um período de descanso..." Hope varreu o horizonte à procura do infame prédio de tijolos.

Lá em cima, depois de ultrapassados três terríveis andares, o lugar parecia estar em vias de ser condenado. Ela bateu na porta.

– Eu não vou! – gritou uma voz. – E você não pode me obrigar. Eu não estou a fim de ser social e sou uma adulta responsável pela minha própria vida.

– Emerson, é Hope. Por favor, não me faça voltar de mãos vazias – implorou ela.

Franzindo as sobrancelhas, Emerson abriu a porta para ver se era verdade. Elas haviam mandado Hope, as sacanas.

– Por que elas mandaram você?

– É uma longa história.

– Bem, eu não vou considerar o seu pedido, a menos que você me conte qual é a tática delas.

– Posso me sentar? – perguntou Hope, sentindo-se repentinamente esgotada pelo esforço do dia.

Emerson deixou que ela passasse. Hope estava pálida.

– Gostaria de beber alguma coisa?

– Acho que você não tem um uísque, tem?

– Não, mas posso conseguir um para você.

– Não é preciso – disse Hope suspirando.

– Eu volto num segundo – disse Emerson, que saiu correndo da sala antes que Hope tivesse chance de detê-la.

Ela correu para o bar da esquina.

– Jack, eu preciso de um uísque – disse Emerson para o senhor grisalho atrás do balcão.

– Achei que você tinha deixado disso, Emerson – disse ele.

– E deixei. Não é para mim; é para a mulher que está na minha sala. Talvez você devesse me dar logo a garrafa, gelo e um copo. Acho que não tenho nenhum limpo em casa.

– Está planejando embebedá-la e depois aproveitar? – perguntou Dickie Sharpe, pousando a sua cerveja e remexendo em seus bolsos à procura e cigarros.

– Cale a boca, seu pervertido estúpido! – disse Emerson, colocando o dinheiro no balcão e rodopiando para fora do bar.

– É, Dick, você com certeza tem jeito com as mulheres – disse Jack rindo.

Hope ouviu Emerson voando pelas escadas, subindo dois degraus de cada vez, o saco de gelo tilintando a cada movimento.

– Emerson, eu não precisava de uma bebida com tanta urgência – disse Hope.

Emerson jogou o gelo na pia e lhe serviu uma bebida.

– Não tem problema nenhum. O bar fica logo ali na esquina.

– Tudo nessa cidade fica logo ali na esquina – disse Hope, pegando a bebida. Ela se recostou na poltrona.

– Está vendo, você já está com uma cara melhor – disse Emerson com evidente satisfação.

– Você realmente é um cavalheiro sulista, entre outras coisas, tenho certeza.

– O que você quer dizer?

– Foi o que elas me disseram. Que você no fundo era um cavalheiro sulista.

– E foi por isso que elas mandaram você?

– Sim. Elas disseram que você não seria capaz de recusar o pedido de uma mulher bonita.

– Elas contaram com você para fazer o serviço sujo.

– Sim – disse Hope enrubescendo, seus olhos azuis claros encontrando os de Emerson, mais escuros.

– Bem, elas tinham razão. Eu não posso mesmo – disse Emerson, e dessa vez foi ela quem enrubesceu.

– Você virá? – disse Hope levantando-se.

– Eu ainda tenho que tomar um banho e não tenho nada para vestir.

– Vou arranjar alguma coisa para você. Gosto de escolher roupas.

– Você vai correr até a esquina e comprar uma roupa para mim? – brincou Emerson.

– Não, eu vou preparar um banho para você e vasculhar o seu armário à procura de alguma coisa adequada – disse Hope.

– E eu posso lhe servir uma outra dose. Você parece ter ficado notavelmente extrovertida depois da primeira – disse Emerson sorrindo.

– É que você é tão cavalheira que eu me sinto uma dama.

– Talvez devêssemos dançar uma valsa – disse Emerson inspirada, tomando a mão de Hope e rodopiando pela sala antes que ela tivesse chance de ficar chocada ou enrubescer. Aquele era o lugar mais estranho do mundo, pensou Hope.

– Você dança divinamente, minha querida.

– Assim como você, mas acho que a sua banheira vai transbordar – disse Hope, dando um fim àquilo tudo.

Emerson olhou para a banheira cheia de espuma a céu aberto. Viver sozinha faz com que uma pessoa se esqueça deste tipo de coisa. Hope percebeu o seu olhar.

– Eu não vou espiar você, prometo. Afinal, você vai ser a segunda pessoa com quem eu divido o banheiro hoje.

Hope sentou-se e cobriu os olhos enquanto Emerson tirava seu robe. Hope ouviu o corpo de Emerson mergulhar na banheira e disse:

– Tudo bem?

– Sim – disse Emerson, sorrindo por baixo de uma massa de bolhas brancas.

– Onde fica o seu armário? – perguntou Hope, servindo-se de um outro uísque.

– No quarto – disse Emerson rindo.

– Por que será que eu tenho a impressão de que você não tem um quarto? – disse Hope. – Você tem alguma coisa contra paredes? Quero dizer, você é dona de todo o terceiro andar. Ele não veio com paredes?

– Eu mandei derrubar todas. Queria um único cômodo bem grande.

– Alguma razão especial?

– Eu estava um pouco claustrofóbica – arriscou Emerson.

– Por que será que não consigo acreditar em você? – disse Hope, com a cabeça enfiada num armário antigo.

– É uma longa história. Terei que contá-la a você durante o curso da nossa amizade que está florescendo. Rachel disse que nós deveríamos nos tornar amigas, que faríamos bem uma à outra – disse Emerson.

– Ela acha, é? – disse Hope, estendendo um suéter cinza claro e um par de jeans pretos na cama e estudando o seu efeito.

– E por que será? – perguntou-lhe Emerson.

– Ela acha que nós duas somos malucas – disse Hope.

– Belo palpite.

– Bem, talvez devêssemos satisfazer a vontade dela. Agora deixe de vadiagem – disse Hope, empurrando a cabeça de Emerson para dentro da água. Ela se sentou num banco, verteu xampu em sua mão e começou a lavar o cabelo de Emerson.

– Você vai mesmo me obrigar a ir, não vai? – disse Emerson.

– Sim, e para falar a verdade nós vamos chegar terrivelmente atrasadas.

– Você sempre lava o cabelo de pessoas que você acabou de conhecer? – perguntou Emerson repentinamente.

– Eu achei que nós éramos amigas!

– Bem, nós somos – titubeou Emerson.

– É uma tentativa de satisfazer a mim mesma, de jogar pela janela uma criação enfadonha. Eu costumava lavar o cabelo de Pamela antes de ela ficar ocupada demais e começar a tomar banho de chuveiro.

– Pamela, a namorada de quem você fugiu? – perguntou Emerson.

– Sim – disse Hope, massageando o pescoço de Emerson, que se arqueou como um gato.

– Você vai voltar para ela?

Hope suspirou.

– Acho que vou ter que voltar.

– Por que?

Hope empurrou a sua cabeça:

– Enxágüe – ela ordenou. – Não sei por quê.

– Talvez você descubra uma razão para não voltar – disse Emerson.

– Sim, talvez – disse Hope, estendendo-lhe uma toalha e indo servir-se de uma terceira dose.

– Bem, que tal estou? – disse Emerson depois de vestida.

Hope foi até ela, ajeitou a gola rolê de seu suéter e a examinou, ajeitando um anel de cabelo perdido atrás da orelha de Emerson.

– Muito bem.

4

– Elas vão ficar zangadas? – perguntou Hope.

– Não. Elas costumam guardar um prato para os atrasados e contar velhas histórias enquanto eles o devoram – disse Emerson.

De fato, elas haviam guardado o jantar para as duas e ficaram petiscando os aperitivos da bandeja até que não houvesse mais nada além de ossos. Estavam envolvidas numa acalorada partida de pôquer quando Hope e Emerson chegaram.

Lutz era uma fanática da pior espécie por pôquer. Ela era tudo aquilo que assustava Hope reunido numa só pessoa. Era veemente, enfática, grande e tinha opinião própria. Hope enfiou-se num canto contra a parede. Emerson pegou a sua mão.

– Venha, vamos fugir para a cozinha e encontrar Katherine. Ela não joga pôquer. Você pode conhecer Lutz mais tarde. Não vai dar mesmo para falar com elas antes de o jogo acabar – sussurrou Emerson.

Era verdade. Ninguém parecia ter percebido que elas haviam chegado. Elas só ouviram algumas discussões acaloradas a respeito das regras de pôquer ou alguma coisa parecida.

Katherine estava ocupada na cozinha. Seu rosto se iluminou quando Emerson entrou no recinto.

– Vocês podem comer agora sem problema. Nada vai parar aquilo ali. Elas vão comer na mesa de pôquer mesmo.

– Eu sinto muito, Katherine. Não queria estragar o seu jantar – disse Emerson.

– Não, querida, você não estragou nada. Estou feliz que tenha vindo. Bom trabalho, Hope. Sentem-se na sala. Não há motivo para vocês não terem um jantar agradável. Eu já vou para lá.

A sala de jantar era muito elegante, os talheres de prata e os copos de cristal sobre a toalha de mesa brilhavam sob a luz das velas.

– Está lindo – disse Hope.

– Katherine e Berlim sabem como preparar um jantar de classe – disse Emerson.

– Eu estou me sentindo péssima. Nós estragamos tudo – disse Hope sentando-se, o constrangimento estampado em seu rosto.

– Não, fui eu que estraguei tudo. Mas haverá outros jantares, e um bom jogo de pôquer se sobrepõe a qualquer coisa nesta cidade. Espere e verá.

Katherine trouxe pãezinhos e duas travessas de galinha e quiabo fumegantes.

– O resto da comida está na mesa, garotas. Sirvam-se.

– Sente-se, Katherine – disse Emerson tomando a sua mão.

– Não, querida, eu belisquei a noite inteira. Além do mais, tenho que manter as coisas em ordem por lá e alimentar aquele poço sem fundo – disse Katherine, puxando Emerson para si e afagando os seus cabelos. – Você tem que me prometer uma coisa, querida – disse ela, olhando para Emerson.

– Eu sei – respondeu Emerson.

– Agora comam. Emerson, abra o vinho para Hope.

Hope ficou pensando o que isso significava, mas achou que acabaria descobrindo mais tarde, junto com todas as outras coisas que se desvendariam durante aquele verão.

Depois de Emerson ter lhe servido uma terceira taça de vinho e mais um copo d'água para si mesma, Hope lhe perguntou:

– Você não bebe, não é?

– Não mais. O álcool tornou-se um problema para mim. Mais do que um problema, na verdade, mas... – seus olhos encontraram os de Hope.

– Outra longa história?

– Sim – disse Emerson, num meneio de cabeça, olhando para a luz da vela que tremeluzia em seu copo d'água e recordando.

Emerson não tinha bebido mais desde que Rachel a havia resgatado do lago naquela noite. Ela quase se afogara, gritando com Rachel para que a deixasse em paz, as lágrimas rolando incessantemente pela sua face. Ela estava coberta de lama até os ossos e congelando de frio. Dissera a Rachel que queria morrer ali, bêbada e vomitando, em meio à imundície do lago.

Rachel a arrastou de lá e a colocou na cama, por um período que pareceu de muitos dias. Emerson nunca havia ficado tão mal em toda a sua vida, um acúmulo de crises de alcoolismo. Depois de ter sido presa duas vezes por perturbar a vida no convento, prostrando-se no topo do morro acima da construção, implorando para falar com Angel, as freiras acabaram se vendo obrigadas a tirá-la de lá à força. Angel recusava-se a vê-la.

– Vai me contar essas histórias algum dia? – perguntou Hope, seus olhos se encontrando, medindo uma à outra, prometendo coisas que ainda não se podiam nomear. Um olhar prenhe, cheio de significados desconhecidos.

Foi assim que Berlim as encontrou quando irrompeu na sala. Ambas desviaram rapidamente o olhar.

– Emerson! Querida, eu estou ganhando e Lutz está espumando. Tem certeza de que não quer se juntar a nós para uma partida?

– Não, Berlim, mas obrigada mesmo assim. Tenho que ir embora cedo. Vou a Grover's Corner amanhã de manhã.

– Está certo, querida. Foi bom ver você – disse Berlim, dando-lhe um tapinha nas costas e abrindo um largo sorriso.

Elas levaram os seus pratos para a cozinha, demorando-se um pouco por lá.

– Você precisa ir? – perguntou Hope.

– Sim – disse Emerson suspirando.

– Posso acompanhar você até lá fora? – perguntou Hope.

– Claro – disse Emerson.

Emerson agradeceu a Katherine pelo jantar e pediu desculpas na mesa de pôquer, onde a confusão aumentava cada vez mais. Rachel fez um aceno para Hope. Havia garrafas de cerveja por toda a parte e a fumaça de cigarro estava tão espessa que os olhos de Hope lacrimejaram.

Hope e Emerson se viram sozinhas no portão, repentinamente embaraçadas por estarem sozinhas. – Obrigada por ter vindo – disse Hope.

– Obrigada por ter me convencido a vir – disse Emerson. – Bom, então... – disse, elevando os calcanhares, as mãos nos bolsos.

– Você e Rachel não querem dar um pulo lá no estúdio? Talvez pudéssemos almoçar juntas. Eu já vou estar de volta nessa hora, se vocês não tiverem outros planos.

– Onde era o estúdio? Elas disseram que você morava nele – perguntou Hope, pensando que não havia visto nenhum trabalho enquanto corria pelo terceiro andar sem paredes de Emerson.

– Fica no quarto andar.

– O que? Você é dona de todo aquele prédio aos pedaços?

– Sim. É um buraco, mas é um lar – disse Emerson sorrindo.

– Eu adoraria, Emerson. Boa noite – disse Hope.

– Boa noite, minha amiguinha – disse Emerson, virando-se para partir na bela noite de verão. Hope ficou olhando-a por um momento, experimentando estranhas sensações, sem saber exatamente quais eram.

Hope estava exausta e disse a Katherine que iria para a cama. A amiga lhe sorriu.

– Você fez um bom trabalho esta noite, Hope. Alguém tem que conseguir chegar até Emerson e talvez esse alguém seja você.

Hope olhou para ela, confusa.

– Boa noite, querida – disse Katherine, beijando sua testa.

Hope subiu sorrindo os degraus até o quarto de água-furtada que dividia com Rachel. "Que família legal", pensou ela, enquanto escovava os dentes, estudando o seu reflexo por um momento no antigo espelho inclinado. O que será que elas viam nela que ela mesma não conseguia enxergar? Hope via apenas uma jovem mulher esfarrapada, curvada e assustada. Como ela poderia ajudar alguém quando ela própria estava desesperadamente perdida?

– Elas vão se apaixonar, escreva o que estou lhe dizendo – disse Berlim a Rachel e Katherine quando elas estavam na cozinha dando fim aos últimos vestígios da torta de amora.

– Você está com os lábios cheios de amora – disse Katherine.

– Limpe para mim – disse Berlim, fazendo biquinho à espera de um beijo.

Katherine fez o que ela pediu. Elas estariam nos braços uma da outra antes do amanhecer. "Ainda bem que o quarto delas fica do outro lado da casa", pensou Rachel. Essa era a última coisa que Hope precisava ouvir. Berlim era efusiva e sua mãe não era exatamente o que se podia chamar de uma amante quietinha. Rachel lembrava-se de ter entrado no quarto delas quando ainda era criança e encontra-do-as, não exatamente transando, mas enroscadas nos braços uma da outra. Suas duas mamães. Berlim não era tanto uma mãe, mas uma amiga conselheira. Rachel nunca a havia chamado de mãe, nem Berlim esperava que ela o fizesse. Ela havia deixado que Katherine tratasse de sua educação. Berlim havia sido aquela que sempre apaziguava as coisas, beijava joelhos esfolados e acabava conseguindo unir as duas, Rachel e sua mãe, depois de um de seus arranca-rabos.

Rachel ficou ali olhando para as duas pensativa.

– Você quer dizer Hope e Emerson? – disse Rachel, atordoada pelas previsões de Berlim.

– É claro, minha querida, quem mais? – disse Berlim, olhando para ela por detrás de Katherine, que dançava lentamente com sua namorada, preparando-se, lembrando, prevendo. Rachel desejou conquistar essa mesma felicidade com sua alma gêmea, quando finalmente a encontrasse. Elas tinham estado apaixonadas uma pela outra desde quando Rachel se entendia como gente.

– Mas Hope tem uma namorada – disse Rachel.

– E desde quando isso é empecilho para alguma coisa? – disse Katherine.

– Foi para mim – disse Berlim.

– Isso porque você sempre foi loucamente apaixonada por mim – disse Katherine, sorrindo e beliscando o bumbum de Berlim.

– É verdade. Eu sou loucamente apaixonada por você.

– Mesmo depois de todos esses anos? – perguntou Katherine recatadamente.

– É claro. Além do mais, quando você encontra a pessoa por quem passou toda a vida esperando, as outras namoradas perdem a importância. Muita gente já abriu mão de coisas mais importantes do que meras namoradinhas – disse Berlim.

– O Duque de Windsor, por exemplo – disse Katherine.

– Meu Deus, você é boa nisso – disse Berlim. Ela havia ensinado a Katherine tudo o que sabia a respeito de história britânica.

Se a mãe de Berlim odiava a sua pátria, Berlim tinha um verdadeiro caso de amor com a feliz Inglaterra.

– Quer dizer que Pamela é uma mera namoradinha e Emerson é o verdadeiro amor de Hope? Berlim, eu não creio que Hope tenha estado à espera de alguém durante toda a sua vida. Ela não consegue nem encontrar a si mesma – disse Rachel, erguendo, cética uma sobrancelha.

– Oh, minha querida. Eu ainda tenho que lhe ensinar algumas coisinhas. Nós freqüentemente nem sabemos que estamos procurando ou que perdemos alguma coisa. Isso acaba se manifestando em outras coisas, como não estar feliz e não saber por que ou não cuidar de si mesmo, como é o caso de Hope e Emerson. Sentimos falta de alguma coisa, sem saber dizer exatamente o que é. Algo dói por dentro e, não importa o que você faça, não vai embora. Você pode tentar afogar isso na bebida ou fugir. A sensação é de um caroço no coração, até que a pessoa certa entra na sua vida e a salva. Essas duas vão salvar uma à outra, pode acreditar em mim – disse Berlim balançando a cabeça. Olhou então para Katherine e disse: – Mulher, leve-me para a cama e me faça suplicar.

Elas deixaram Rachel por lá a ponderar. Ela podia ouvir as duas subindo as escadas gargalhando como duas colegiais.

Rachel subiu pouco depois. Quando chegou ao seu quarto encontrou Hope já deitada.

– Você não está dormindo – repreendeu-a Rachel.

Hope ergueu-se sobre um cotovelo.

– Eu estava quase – respondeu Hope.

– Até que ouviu minha mãe e Berlim. Desculpe.

– Está tudo bem, é sério. Eu estou me sentindo melhor, Rachel. Acho que isso vai funcionar.

– Fico feliz em saber. Estou feliz que tenha vindo.

Rachel tirou sua roupa. Hope estava deitada de costas com as cobertas puxadas até a altura do pescoço como fazia quando era garotinha.

No escuro, Hope perguntou:

– Rachel, alguém achou engraçado você ter sido criada por um casal de lésbicas e ser lésbica também?

– Você quer dizer, como se o fato de ter duas mães lésbicas tivesse me condicionado a ser lésbica também?

– Sim – disse Hope. Ela havia pensado sobre isso durante o dia inteiro.

– Não aqui, mas já me fizeram essa pergunta em Nova York. Eu certa vez namorei aquela psicanalista que queria fazer uma tese a respeito da nossa família. Eu sempre senti atração por mulheres. Só não tive que passar por toda aquela história de bancar a hetero porque já sabia que era homossexual. Eu me apaixonei por Emerson e minha vida sexual teve início. Foi simples assim.

Hope quase caiu da cama.

– Você e Emerson!?

– Por que você acha tão difícil acreditar nisso? – perguntou Rachel.

– Eu não sei, Emerson parece inalcançável, perigosa, eu acho, e ela definitivamente não é o seu tipo.

– E qual é o meu tipo? – perguntou Rachel. – Talvez com a sua ajuda eu encontre finalmente a minha cara-metade e viva com ela feliz para sempre.

– Não se faça de boba. Eu acho que você gosta de mulheres mais suaves, mansas e mais simples.

– E Emerson é uma mulher complicada?

– Sim – respondeu Hope.

– Você tem razão, mas eu acho que nunca vou amar alguém do jeito que a amei. Às vezes penso que a todo mundo é concedido um grande amor na vida. Se a pessoa conseguirá ou não passar o resto da sua vida com esse amor é outra história, mas é a ele que essa pessoa ama mais do que qualquer outra coisa no mundo, e Emerson, eu acho, foi essa pessoa para mim – disse Rachel, triste, olhando para o teto.

– O que aconteceu?

– Aconteceu Angel. Ela entrou na vida de Emerson e nunca mais saiu. E ainda a assombra até hoje.

– Onde está Angel agora?

– No convento em Grover's Corner.

– Ela é freira – disse Hope.

– Você com certeza já ouviu falar de freiras lésbicas.

– Sim, mas elas não costumam fugir dos conventos?

– Pois essa lésbica fugiu para um convento, mas essa é outra história longa e sórdida. Seja como for, Emerson nunca mais foi a mesma desde então.

– Isso é triste.

– É triste. Hope, Pamela é o grande amor da sua vida?

– Não. Eu a amo, mas sempre houve alguma coisa mal resolvida entre nós duas. Mas ela será, eu suponho. Acho que se eu aprender a ser mais agressiva e ela, mais calma, poderemos nos dar bem. Eu não estou disposta a desistir dela.

– Isso é bom.

– Por quê? – perguntou Hope, confusa com a resposta de Rachel. Ela não gostava muito de Pamela e havia oferecido refúgio para Hope em mais de uma ocasião, caso ela quisesse deixá-la.

– Porque você é minha amiga e eu não quero que se machuque.

– Quem me machucaria?

– Não sei. Agora durma – disse Rachel.

– Rachel – chamou Hope em meio à escuridão.

– Sim?

– Você acha que pode voltar a se entender com Emerson?

– Não, querida. Nós já ultrapassamos este limite há muito tempo. Meu Deus, nós tínhamos dezesseis anos quando nos apaixonamos. Éramos crianças. Já aconteceu coisa demais depois disso para que pudéssemos voltar a ser namoradas. Nós sempre seremos amigas. Além do mais, você mesma acabou de dizer que ela é complicada.

– Eu sei, mas quero que você encontre alguém legal para amar.

– Algum dia – disse Rachel, pensando que já amava alguém legal, mas que todas as pessoas legais já estavam comprometidas.

Rachel ficou acordada pensando na primeira vez que fizera amor com Emerson. Doces dezesseis anos sem nunca ter sido beijada. Emerson havia sido um demônio então, mas divertida. Rachel nunca havia se divertido tanto. Emerson costumava deixar seu pai louco. Foi como ela acabou em internatos do sul.

Ele não conseguia controlá-la. Nem ele, nem ninguém. O pai queria o melhor para Emerson e tinha dinheiro para tal. Enviou-a para uma escola particular atrás da outra, e ela foi expulsa de todas por diferentes violações. Aos dezesseis anos, finalmente, ela voltou para casa prometendo ser uma boa menina e passou a freqüentar a mesma escola pública que as outras meninas da cidade.

Katherine havia dito a Jack Emerson que sua filha estava se comportando mal porque queria voltar para casa. Quando ele finalmente permitiu que o fizesse, Emerson melhorou. Ela, no entanto, tinha outra característica indesejável: era lésbica. Por isso ele a havia mandado para longe, na esperança de que, se não vivesse em Heroy, Emerson desenvolveria "preferências normais". Não foi o que aconteceu.

Ela havia sido expulsa da última escola que freqüentara por ter dormido com outra menina. A madre superiora as encontrara de braços e pernas enroscadas. Emerson não aceitou confessar o que havia acontecido e a escola foi obrigada a expulsá-la. Jack Emerson desistiu. Emerson ficou livre para fazer o que bem entendesse. Ele ainda a amava intensamente, mas parou de tentar transformá-la em algo que ela não era. Deixou que Katherine cuidasse do restante de sua educação.

E foi assim que Rachel e Emerson começaram a andar juntas. Katherine achou que seria uma boa idéia fazer com que Rachel, que era muito bem comportada, ficasse amiga de Emerson. Ela esperava que isso aparasse as duras arestas da personalidade de Emerson. O que Katherine não esperava era que as duas se apaixonassem.

Mas como Rachel poderia não se apaixonar por Emerson, que era loquaz, experiente, selvagem e bela? Rachel ficou perdidamente apaixonada antes mesmo de ter tempo de se dar conta disso. Ela se lembrava da primeira vez em que havia beijado Emerson. Ambas estavam sentadas no celeiro de McNeely, encostadas num monte de feno, bebendo uma garrafa de vinho de morango, uma coisa horrível. Emerson olhou para ela com aqueles incríveis olhos azuis e disse:

— Sabe o que eu realmente gostaria de fazer?

Rachel, como uma boboca, disse:

— O quê?

— Eu gostaria muito de beijá-la.

Emerson se inclinou sobre ela e beijou-a suavemente, e então beijou-a mais uma vez. Ela beijou o seu pescoço e alcançou os seus seios, tomando-os em sua boca. Rachel jamais havia sentido algo parecido. Emerson a levou a lugares aonde ela jamais havia ido, e quando tudo acabou, ela a abraçou, com medo de tê-la machucado. Rachel ficou deitada com a cabeça no peito de Emerson, certa de estar vivendo o momento mais feliz de sua jovem vida. Desde esse momento em diante, Rachel não conseguiu pensar em outra coisa que não fosse Emerson, como era tocá-la, qual era o seu sabor, o seu cheiro, cada curva do seu corpo.

Sua mãe as encontrou dormindo juntas na cama de Rachel, esgotadas depois de toda uma noite de amor. Emerson estava entre as pernas de Rachel, adormecida sobre o seu estômago. Katherine ficou furiosa; Berlim, felicíssima. Houve uma grande discussão na cozinha.

— Minha garotinha não é mais uma menina — disse Berlim, abraçando Rachel.

Sua mãe pousou com força o prato de ovos mexidos de Rachel na mesa e olhou para ela penetrantemente. Rachel sabia que alguma coisa grave estava por acontecer.

— Eu queria que você a transformasse numa dama, não que dormisse com ela — disse sua mãe, finalmente explodindo.

Rachel engasgou com o seu café. Berlim passou um bom tempo dando-lhe tapinhas nas costas até que ela se recompusesse.

— O quê?

— Não me venha com este tipo de pergunta, mocinha. Eu vi vocês duas esta manhã.

— Eu não entendo porque você está tão brava. Achei que gostasse de Emerson — disse Rachel, olhando para Berlim em busca de ajuda.

— Você já parou para pensar nisso?

— Nisso o quê? —perguntou Rachel à sua mãe.

— Nas implicações sociais desta atitude.

— Que implicações sociais? — perguntou Rachel estupidamente.

— Que dormir com uma mulher faz de você uma lésbica — disse Katherine com as mãos na cintura.

— E daí? — disse Rachel.

— É isso que você realmente quer ser? — disse Katherine.

— O que há de errado com isso? Você também é.

— Mas talvez eu não quisesse que você fosse — disse Katherine, rangendo os dentes.

– Ah, que ótimo. Você é lésbica, portanto eu não posso ser, é isso? – disse Rachel, levantando-se da mesa. – O que as pessoas iam pensar? Que você me transformou em uma lésbica? Meu Deus, quem se importa com isso aqui em Heroy?

– Talvez você não viva para sempre em Heroy – gritou Katherine, enquanto Rachel subia os degraus pisando duro.

– Não consigo ouvi-la – gritou Rachel de volta.

Katherine ameaçou avançar na sua direção, mas Berlim agarrou seu braço:

– Deixe-a ir.

Katherine olhou firme para Berlim, mas aquiesceu.

A solução encontrada por Berlim para o problema foi comprar uma cama de casal para Rachel.

Na volta da escola, Rachel encontrou seu quarto recheado com uma bela cama com ornamentos de ferro e um enorme laço vermelho amarrado bem no meio dela.

Katherine tornou-se menos hostil. Berlim a havia aconselhado.

– Você preferiria que fizesse um boquete num rapaz da cidade, como Dickie Sharpe, acabasse engravidando e casando com alguém com olhos tristes e aspirações frustradas? – disse Berlim.

– Nem todos os casais heteros são assim – disse Katherine.

– Eu achei que você ficaria feliz por ela ter se tornado lésbica.

– Por quê? Para ela passar o resto da vida como uma pervertida? Nem todos os lugares são como Heroy. Nós já estivemos em outros lugares. Você sabe como é. Rachel teve sorte até agora. O que vai acontecer quando ela for para a faculdade?

– Nossa, não há nada como aquelas meninas de suéter justinho – disse Berlim, lembrando dos velhos tempos.

– Você não tem jeito mesmo.

– Ela vai se divertir, conhecer outras lésbicas, transar com elas até morrer e aprender um monte de coisas a respeito de si mesma. Os tempos mudaram, Katherine. As coisas não são mais tão difíceis como eram antigamente.

– Eu sei, mas eu me preocupo com ela. Não quero que ela se machuque.

– Machucar-se faz parte do processo de crescimento. Rachel já é uma moça.

Foi então que Berlim descobriu porque Katherine estava tendo tanta dificuldade em aceitar o fato. O problema não era exatamente o fato de a sua filha ser lésbica, mas sim o de estar apaixonada por Emerson. Katherine havia sido apaixonada pela mãe de Emerson.

Berlim encontrou com Rachel em particular e explicou-lhe o que havia acontecido numa conversa regada a muita coca-cola, quando Katherine estava ausente.

– Você quer dizer que elas transaram? – perguntou Rachel.

– Naquela época, a coisa toda parecia mais uma amizade acalorada, mas Sarah queria formar uma família, casar-se. Foi muito difícil para Katherine abrir mão dela. A morte de Sarah, ao dar a luz a Emerson, arrasou todo mundo – disse-lhe Berlim, pensando na última vez em que havia visto Sarah com vida. Ela e Katherine haviam se colocado uma de cada lado da cama de Sarah, acariciando gentilmente a sua grande barriga e tentando imaginar como seria o pequeno ser que estava lá dentro.

– E então vocês me tiveram. Conte-me esta história – implorou Rachel.

– Essa é outra longa história. Outro dia. Shh, aí vem a sua mãe. Quero que você seja gentil com ela e tente compreender suas razões.

– Mas eu ainda não consegui entender. Ela amava a mãe de Emerson, por isso eu não posso amá-la?

– Não, é que isso tudo a faz lembrar coisas que a magoaram. Quando você ficar mais velha, conseguirá compreender a dor que o passado pode causar. Até lá, acredite em mim. Promete ser gentil?

– Prometo. Posso convidar Emerson para passar a noite na minha cama nova?

– Vocês duas são insaciáveis. Sim, mas baixinho – disse Berlim, pensando nos seus próprios dias insaciáveis e depois rindo para si mesma. Ela ainda era assim, a quem estava querendo enganar?

"Berlim ainda não me contou a história de como vim ao mundo", pensou Rachel sonolenta. Algum dia ela a obrigaria a contar.

5

Hope e Rachel subiram os quatro andares para encontrar Emerson suando profusamente e movendo engradados.

– Na hora! Só mais algumas viagens – disse Emerson sorrindo.

– Grande. Você nos convida para almoçar, mas vai nos obrigar a trabalhar antes – disse Rachel presunçosamente.

– Ah, vamos lá, Rachel, esta merda é bem pesada e eu já estou cansada – implorou Emerson.

– Você deveria ter comprado um prédio com elevador – disse Rachel.

– Ele tem um elevador, só que não funciona – disse Emerson.

– Então você deveria colocar o estúdio no primeiro andar – disse Rachel.

– Não posso. A luz é ruim e me dá claustrofobia.

– Você realmente sofre de claustrofobia? – perguntou Hope.

– Ela não sofria até ser forçada a passar três dias em um quartinho apertado – explicou Rachel.

– Onde foi isso? – perguntou Hope, tentando imaginar que tipo de quarto apertado seria esse. – Deixe-me adivinhar. Essa é uma outra longa história que eu não vou ouvir.

Emerson parou por um momento em frente a ela, estudando-a.

– Não, eu vou lhe dar a versão resumida. Eu fiquei travada certa noite e, em vez de me carregarem para a prisão, acharam que um sanatório seria mais adequado. Bem, não foi. Eles me colocaram num quarto muito pequeno, muito silencioso e muito escuro, onde eu tive que usar todas as minhas forças para não ficar mais louca do que eu já estava. Na verdade, se não fosse pela influência de Lutz Lasbeer, eu ainda poderia estar lá – disse Emerson.

– Eu sinto muito – disse Hope, desejando não ter sido tão bisbilhoteira.

– Não precisa. No final do verão você já estará sabendo de todos os detalhes sórdidos a respeito de todos nós – disse Rachel.

– Isso inclui você, é claro – disse Emerson, olhando-a por cima do ombro enquanto as três desciam a escada aos trancos e barrancos e terminavam de carregar o que quer que Emerson estivesse transportando.

Emerson e Rachel ergueram cada uma a ponta de um engradado.

Rachel olhou para ela por cima dele.

– Ainda pensa nisso?

– Ainda penso, cheiro e sonho com isso. Às vezes tenho a sensação de não poder respirar. Trabalho à noite para me livrar dos pesadelos – respondeu Emerson.

Aquilo era suficiente para provocar pesadelos em qualquer um. Emerson do lado de fora do convento, gritando e chorando querendo ver a sua mulher, falar com ela. A madre superiora dizendo-lhe que Angel estava casada com Deus e que o que ela havia feito com Emerson era um pecado e não um casamento. Emerson aos berros com a freira, sendo expulsa pela polícia. Depois, três dias de inferno, sem saber de nada, sentada, embalando a si mesma e chorando até dormir. A porta se abriu e lá estava Lutz, uma figura enorme com a luz por trás de si. Emerson apertando os olhos para vê-la, achando que estava tendo alucinações. Lutz tirando-a de lá e levando-a para a casa de Katherine.

Emerson desistiu de atormentar o convento, mas passou a beber e quase se afogou no lago. Agora ela mantinha seu barco num curso regular, ainda que frágil, atormentado pelas águas das memórias de seu coração partido. Tanto Rachel quanto Emerson sabiam que alguma coisa havia se partido, e nenhuma das duas parecia ser capaz de reparar isso.

Hope parou em frente a uma das esculturas.

– Essas mulheres são incríveis – disse Hope, estudando as figuras.

Sentou-se num banco perto de uma delas, uma mulher curvada de angústia, o corpo todo sacudido pela dor intensa, capturada no bronze. Era um esforço impressionante de captar o desespero feminino. Hope colocou o seu braço em torno da escultura como para consolá-la. Rachel e Emerson olharam para ela mortificadas.

— O que foi? Eu não podia tê-las tocado? — perguntou Hope, removendo rapidamente o braço.

— Não, você pode tocá-la. É que essa tem um significado especial para mim — explicou Emerson.

Aquela era a última escultura que ela havia feito de Angel e traduzia toda a angústia que ambas sentiam por um caso de amor que não havia dado certo. Sua agente, Lauren, quis vendê-la. Emerson se recusou.

— Na verdade, isso é tudo do que ela precisava — disse Emerson.

— Eu sinto muito — disse Hope.

— Não é preciso. Essa é outra história que eu vou lhe contar durante o almoço. E você poderá me contar a respeito da namorada de quem está fugindo. Combinado? — disse Emerson.

— Você vai trocar de camiseta antes de nós sairmos — disse Rachel, examinando a testa suja de Emerson.

— Eu não estava planejando fazê-lo — disse Emerson tentando remediar a situação com uma esfregadinha.

— Mas vai. Coloque uma roupa decente. Nós vamos almoçar fora.

— Eu não tinha me dado conta de que um almoço no café era considerado uma refeição tão sofisticada — disse Emerson, fuçando à procura de uma nova camiseta. A esburacada que ela vestiu não melhorou muito a situação.

— Meu Deus, você não tem nada melhor do que esta coisa? Isso já deveria ter sido transformado em trapo — disse Rachel, fuçando ela mesma nas coisas de Emerson.

— Foi você quem me deu esta camiseta — disse Emerson, parecendo magoada.

— Há séculos. O que aconteceu com você? Você era tão sofisticada e elegante — repreendeu-a Rachel.

Emerson olhou para Hope fazendo caretas, imitando Rachel. Hope riu.

– Você é uma moleca – disse Rachel, estendendo-lhe uma camiseta decente. – Vou fazer com que Hope a leve para fazer compras. Você definitivamente precisa de roupas novas. Não posso acreditar que Lauren deixe você sair desse jeito. O que você faz quando tem que ir às exposições?

– Ela não me deixa mais comparecer. Diz que sou muito rude – respondeu Emerson.

– Acho difícil acreditar nisso – provocou-a Rachel.

Emerson olhou para Hope.

– Rachel faz isso todo verão. Ela tenta me transformar, mas o que ela não sabe é que, assim que ela sai, eu retomo o meu antigo estilo repulsivo.

– Eu sei disso, mas pelo menos eu não tenho que ver – disse Rachel.

Elas foram até o café onde Berlim e as amigas estavam jogando. Para variar, Berlim estava ganhando.

– Garotas, quero que conheçam minhas amigas: Amy, Charlene, Denise e Lily.

Os olhares se cruzaram entre os dois grupos de mulheres. Emerson murmurou um olá e foi procurar Katherine.

Depois que Hope e Rachel se acomodaram, a primeira perguntou:

– Emerson é sempre assim tão rude quando está em meio a muita gente?

– Ela tem aversão a lésbicas – disse Rachel, direta.

– Mas ela não é lésbica também? – perguntou Hope confusa.

– Sim, mas isso não significa que goste delas.

– Eu não compreendo.

– Emerson desistiu das mulheres. Depois de partir o meu coração e ter o seu próprio partido, ela perdeu a disponibilidade para o amor. E o mais engraçado é que parece que o fato de ser uma artista parece atrair várias mulheres, mas Emerson não quer saber de nenhuma delas. Merda, quem me dera conseguir mobilizar tanta gente assim. Eu acho que ela trata os outros com toda essa frieza para não ter que lidar com as pessoas. E é claro que isso parece atraí-las também. Preste só atenção.

– Sua mãe é uma cozinheira incrível – disse Emerson, voltando da cozinha com um pedaço de torta de morango já pela metade.

– Você deveria ter nos esperado – censurou-a Rachel.

– Eu nunca fui muito afeita a regras – disse Emerson.

– Como se nós não soubéssemos disso.

Depois do almoço, entre café e tortas, Emerson contou a Hope a respeito de Angel. Rachel completava a narrativa com os detalhes que escapavam a Emerson devido à bebedeira de então.

– Pronto, este é o fim da história, o fim da minha vida com mulheres – disse Emerson, aliviada por ter tirado um peso do peito. Ela nunca havia contado essa história a ninguém. Era bom falar, a sensação era de ter se livrado de alguma coisa. As imagens tornaram-se estranhamente leves, quase como se pertencessem ao passado de uma outra pessoa. Suficientemente dramáticas para se tornarem engraçadas.

– Sabe de uma coisa, Rachel? Eu nunca pensei que fosse capaz de rir desta época um dia. Talvez eu esteja melhorando – disse Emerson.

– Eu não iria tão longe. Se nós conseguíssemos convencê-la a sair com alguém, isso sim poderia ser considerado uma melhora – disse Rachel.

– Não há nada de errado em passar a vida sozinha. Algumas vezes eu acho que isso é até melhor. Eu não sou a pessoa mais fácil do mundo de se lidar. Desse modo eu não magôo ninguém e ninguém me magoa.

– Você gosta de segurança.

– Antes uma vida segura do que caótica. Eu não consigo criar quando a minha vida está uma verdadeira revolução. É isso que o amor significa para mim – o topo da montanha e depois o abismo.

– E se você encontrasse alguém bárbaro, alguém que não a atormentasse, que fosse um estímulo na sua vida, que a ajudasse a cuidar de si mesma e que fosse legal, incentivadora, nem um capacho, nem uma tirana: você compartilharia a sua vida com ela? – perguntou Rachel.

– Não – respondeu Emerson, curta e grossa.

– Por que não?

– Porque não existe ninguém assim, especialmente mulheres.

– Você é uma cínica – disse Rachel.

– Não, os fatos provam que eu estou certa. Você tem alguém assim? Não. Nem mesmo a sua bela amiguinha consegue achar alguém assim e ela parece muito legal. Deixe-me adivinhar. Você é o capacho e ela é a tirana. Você não consegue agüentar a situação, por isso vai embora. Será que alguma coisa vai realmente melhorar se você voltar? Não. Não há nada de bom no amor – disse Emerson.

– E o que você me diz de mamãe e Berlim? – disse Rachel.

– Sorte, pura e simples.

– Existem outros casais nessa cidade tão felizes quanto elas – disse Rachel.

– Não, eles não são felizes. Apenas se toleram.

E como que para provar que Emerson estava certa, Sal e Elise passaram voando pela porta do café, uma na cola da outra, numa acalorada perseguição.

– Caramba, pare de me seguir – disse Sal entre os dentes.

– Eu não a estou seguindo, estou tentando falar com você – respondeu Elise, quando as duas se sentaram no balcão.

– Café, por favor – disse Elise sorrindo para Katherine, tentando fingir que tudo estava bem.

– Mais um adorável casal feliz – disse Emerson. – Veja só a maior delas, Sal. Ela é a tirana e Elise, a menor, o capacho. Sal não a trata muito bem, mas cada vez que Elise parece ter encontrado outra pessoa Sal entra em ação e a reconquista. Lembra-se daquela vez em que Sal acorrentou tudo o que elas possuíam porque Elise havia tido um caso com Ruthie Clark? – disse Emerson.

– Sim – disse Rachel gargalhando.

– Sal literalmente amarrou todas as coisas que elas possuíam porque se recusava a deixar que Elise levasse qualquer coisa, para que Ruthie Clark não as pudesse usar. Sal odeia Ruthie Clark por causa de Elise e Ruthie, por sua vez, odeia Sal. Elas é que deviam ter se casado no lugar de Sal e Elise – disse Emerson.

– Isso provavelmente teria dado mais certo – disse Rachel.

A conversa no balcão estava ficando mais acalorada.

Katherine revirou os olhos para elas.

– O que há de errado desta vez? – perguntou Rachel.

– A mesma coisa de sempre, eu suponho. Tenho certeza de

que se ficarmos sentadas aqui por tempo suficiente acabaremos descobrindo – disse Emerson.

Katherine trouxe-lhes cervejas, uma cortesia das lésbicas das barracas.

– Oh, meu Deus, lá vamos nós de novo – disse Emerson, colocando as garrafas em frente a Hope. – Já posso ver as manchetes: "Sapas novas na cidade cruzam locais em busca de alguma diversão para o verão" – disse Emerson, o desgosto deixando o seu rosto nebuloso.

– Olhe, eu sei que você está dormindo com ela. Não minta para mim! – gritou Sal, incapaz de conter a sua raiva por mais um minuto sequer.

– Eu não estou dormindo com ela. Nós somos apenas amigas – respondeu Elise igualmente alto.

Emerson levantou-se abruptamente.

– Eu já agüentei mais do que o suficiente dessa merda toda para um dia só!

Hope e Rachel ficaram atônitas.

Emerson foi até Sal e Elise.

– Sabe de uma coisa, Sal, ela provavelmente dormiria com você se você não fosse tão pentelha. Elise, você realmente precisa parar de mentir. Você é apaixonada por Ruthie desde que eu me conheço por gente, e eu tenho visto vocês duas rondando por aí tarde da noite. Você precisa tomar uma decisão e manter-se firme nela.

Emerson deixou a porta do café bater atrás de si. Todos no café olharam-na sair.

– Eu vou matá-la – disse Sal, levantando do seu banco e encaminhando-se para a porta.

– Ah, não vai não – disse Katherine bloqueando a passagem. – Ela é a única pessoa desta cidade com coragem suficiente para dar nome aos bois. Se você tocar um dedo que seja em Emerson, vai se arrepender.

Sal voltou a se sentar. Katherine serviu-lhe outra xícara de café.

Hope olhou para Rachel.

– Meu Deus.

– Pois é, bem-vinda a Heroy – disse Rachel.

Hope deitou-se aquela noite pensando que Emerson era a mais bela selvagem que ela já havia conhecido.

À tarde, Hope estava sentada no balaústre da varanda, tirando uma soneca com o livro pousado sobre a barriga. Ouviu uma espécie de rangido na calçada.

Emerson ficou observando-a ali, deitada, estudando as curvas de suas pernas, que estavam ficando levemente bronzeadas com o toque do verão, e a suave linha arredondada de seus ombros. Era nessas horas que ela gostaria de ter um bloco de rascunho, seus dedos chegavam a formigar de desejo. Talvez conseguisse convencer Hope a posar para ela. Ela imediatamente duvidou que fosse conseguir convencer uma dama daquelas a ficar nua em nome da arte.

Ela subiu os degraus que davam para a casa. Hope abriu um olho, espiando para ver quem havia chegado.

– Deve ser um grande livro. Fez você dormir – disse Emerson sorrindo.

Hope riu.

– Para falar a verdade, foi Pamela que o escreveu. É uma de suas obras feministas. Eu tinha a intenção de lê-lo e compreender melhor a mente da minha namorada.

– Ela está mais para sua esposa, não é mesmo?

– Acho que se poderia chamar assim – disse Hope, sentando-se.

– Há quanto tempo vocês estão juntas? – perguntou Emerson, pegando o livro para ver o título.

– Três anos.

Emerson folheou o livro. Na contracapa havia uma foto de Pamela Severson, uma mulher alta, de olhos claros, cabelo escuro e aspecto inteligente.

– Ela é uma mulher atraente – disse Emerson.

– E formidável – respondeu Hope.

– Olhe, eu sinto muito pelo outro dia. Sou muito rude, mas não consigo me conter – disse Emerson, envergonhada. Sentou e desafivelou os patins, descalçando-os para esticar os tornozelos.

Hope sentou-se ao seu lado e pegou um dos patins, girando suas rodas. Olhou para Emerson, arqueando uma sobrancelha:

– Isso é divertido, não é?

– O que foi? Mamãe não deixaria você experimentá-los porque são perigosos? – provocou Emerson.

Hope enrubesceu.

– Desculpe. Eles não são tão terríveis se você usar joelheiras e um capacete.

– Coisa que você não faz.

– Bem, eu sou autodestrutiva e você, não.

– Eu não teria tanta certeza.

– Eu poderia lhe ensinar a patinar e Pamela jamais ficaria sabendo – ofereceu-se Emerson.

Hope sorriu.

– Não haveria mal nenhum em experimentar, não é mesmo?

– Não. Que tal amanhã?

– Maravilhoso – disse Hope, girando novamente as rodas e imaginando como seria mover-se rapidamente sobre o chão.

– Por que você ficou tão zangada no outro dia? – perguntou Hope, lembrando-se repentinamente do motivo da visita de Emerson.

– Essa história toda de amor. Todo mundo deseja viver um grande amor, mas acaba se sentindo péssimo quando ele finalmente acontece. Por que, então? Mas as pessoas tentam arranjar encontros para você, como Berlim fez esta tarde. Ela disse àquelas mulheres que nós estávamos disponíveis. Eu não quero ser o casinho de verão de ninguém, e isso é tudo o que elas querem. Eu não entendo o que há de errado em ficar sozinha, em querer ficar sozinha.

– Os seres humanos são criaturas sociáveis e o amor tem os seus atrativos.

– Que se tornam desagradáveis num piscar de olhos. As coisas boas do amor nunca perduram. Eu prefiro ser desagradável comigo mesma do que magoar outra pessoa. Isso só é possível quando se está sozinho.

– E até onde eu pude compreender, é o que você tem feito.

– Tenho trabalhado nisso. Você também não pode falar muito. Veja só o que o amor fez com você. Houve mais momentos desagradáveis do que bons, não é mesmo?

Hope estudou suas próprias mãos. Seus dedos longos costumavam fazer Pamela arder de desejo só de olhar para eles, lembrando da sensação que lhe causavam quando acariciavam o seu corpo. Isso havia mudado e elas não tinham mais o mesmo tempo nem a mesma energia para amar de antes. Era sempre um amor feito às pressas e Hope odiava isso.

Emerson quebrou o feitiço, tomando uma das mãos indolentes de Hope nas suas e examinando-a.

— Você tem belas mãos. Se eu lhe ensinar a patinar, você me deixa esculpi-las?

Hope hesitou.

— Acho que é uma troca justa.

— Bem, você não respondeu a minha pergunta. Como é o seu amor? Eu quero dizer, você está aqui e ela não. Se você fosse o meu verdadeiro amor eu jamais deixaria que você se afastasse tanto assim de mim. Eu não suportaria. Sentiria demais a sua falta.

— Mas talvez eu não seja muito boa companhia – disse Hope, encontrando o olhar de Emerson. Olhos azuis com olhos azuis.

— Não, eu tenho certeza de que você é uma bela parceira. Você se preocupa muito com os outros para não sê-lo. Você não é dada a aventuras, é?

— Não, já passei por tentações, mas nunca fiz nada.

— Eu era bem galinha. Transava com Rachel e com Angel no começo, mas não depois que viemos para cá. Aí eu fiquei boazinha. Isso é uma coisa muito feia. Eu não sou boa no amor. É melhor eu me manter longe disso tudo.

— Emerson, quantos anos você tem?

— Trinta e dois.

— É cedo demais para jogar a toalha. Você parece aquelas mulheres que ficam viúvas jovens e nunca mais se casam. Está se negando uma segunda chance à felicidade.

— Dê uma olhada nos exemplos que eu tenho. Você viu como são Sal e Elise. A cidade está cheia de outros casais iguais a elas. Não quero ficar assim também.

— Talvez você só não tenha encontrado a pessoa certa. Talvez Elise devesse se casar com Ruthie Clark; talvez assim todos fossem mais felizes. Acho que às vezes a gente acaba ficando com a pessoa errada e é por isso que nos tornamos tão desagradáveis uns com os outros, porque lá no fundo sabemos que não estamos onde deveríamos estar. Estamos inibindo a busca uns dos outros. Mas é difícil abrir mão, admitir o erro.

— É neste ponto que você está agora?

Hope olhou para ela:

— Provavelmente.

— Quer dizer que Pamela não é o seu verdadeiro amor.

— No fundo, no fundo, não.

— Mas ela será.

— Sim.

— Por que você está voltando atrás depois de ter dito que deveríamos encontrar as pessoas certas?

— Porque é muito fácil dar conselhos, mas é bem mais difícil viver de acordo com eles.

— Vou fazer um acordo com você. Eu volto a acreditar no amor se você encontrar a mulher certa para amar — disse Emerson.

— Como eu posso fazer um acordo desses? — disse Hope.

— É muito fácil. Você diz: "Emerson, feito".

Hope sorriu.

— Vou considerar isso como um sim. Passarei aqui amanhã e iremos patinar — disse Emerson, recolocando os seus patins e rodopiando para fora da varanda.

Rachel saiu em direção à luz da manhã, segurando nas mãos uma xícara de café, à procura de seus óculos escuros.

— O que é isso? — disse ela, olhando para a calçada e vendo Emerson segurando as mãos de Hope enquanto a guiava sobre patins. Hope estava toda paramentada com cotoveleiras, joelheiras e capacete.

— Emerson está me ensinando a patinar — disse Hope, com o rosto vermelho de excitação.

— Estou vendo — disse Rachel sorrindo.

— Ela comprou um par de patins só para mim — contou Hope, sorrindo feliz para Emerson, que havia corrido imediatamente para a Grover's Corner no dia anterior e comprado os patins. Emerson havia sido esperta. Fizera Berlim subir, descobrir qual era o número que Hope calçava, para poder comprar os patins do tamanho certo.

Queria que tudo fosse perfeito. Não sabia exatamente por quê. Simplesmente tinha que ser assim.

O olhar de Hope fez todo o esforço valer a pena. Ela parecia uma criança que havia ganho exatamente o que queria na noite de Natal. Emerson estava extasiada.

— Grande! Agora teremos duas ameaças ambulantes pela cidade. E esse capacete aí? — disse Rachel, dando um tapinha no que cobria a cabeça de Emerson.

— Bem, eu não podia fazer com que ela usasse um se não estivesse disposta a fazê-lo eu mesma. Vi a fotografia de Pamela ontem; ela não parece uma mulher que aceitaria receber sua namorada de volta toda machucada — disse Emerson.

Hope sorriu.

— Tenha cuidado e, por favor, não a ensine a saltar sobre hidrantes. Eu odeio quando você faz isso — disse Rachel.

Rachel ficou vendo Emerson ensinar a Hope o que fazer enquanto as duas seguiam oscilando na direção do Palácio da Justiça, que tinha uma praça grande e lisa e degraus que Emerson adorava saltar. Rachel rezou para que Emerson não lhe ensinasse isso também.

Rachel voltou à cozinha para pegar mais café. Lá ela encontrou Berlim fazendo as suas contas e tomando uma coca.

— Como você pode beber isso de manhã? — disse Rachel.

— Da mesma forma que você bebe isso — disse Berlim, apontando para a xícara de café de Rachel.

— Você viu Emerson e Hope esta manhã? — perguntou Rachel, ainda confusa com o acontecimento.

— Sim, elas ficam bem juntas, não é? — disse Berlim sorrindo.

— Emerson estava superatenciosa. Eu diria até mesmo gentil.

— Eu lhe disse que essas duas iam acabar se apaixonando — disse Berlim, balançando a cabeça e dobrando suas anotações.

— Não, eu ainda acho que você não acertou essa. Mas elas podem ser amigas, farão bem uma à outra.

— Vamos apostar, está bem? Vinte dólares como aquelas duas vão acabar juntas.

— Você é mesmo uma jogadora compulsiva. Feito — disse Rachel, apertando a mão estendida de Berlim.

– Posso ser compulsiva, mas sou também extraordinariamente bem-sucedida. Espere para ver a pequena anuidade que eu guardei para você e verá o quanto.

– Você reservou o dinheiro que ganhou nos jogos para mim? – perguntou Rachel. Essa era a primeira vez que ela ouvia algo a esse respeito.

– Sim, eu quero que você tenha uma casa própria e um bom início de vida quando terminar a faculdade. Eu jogo com um propósito definido. Você vai ver – disse Berlim, colocando o seu braço em torno de Rachel.

6

Hope, Rachel e Katherine iam ao Grover's Corner fazer compras. O telefone tocou e Berlim atendeu. Era para Hope. Um pouco aturdida, Hope pegou o fone. Uma voz familiar o atravessou.

Rachel e Katherine esperaram pacientemente enquanto Hope tentava explicar a Pamela que elas estavam de saída. Não adiantou. Pamela queria falar com ela agora e era assim que ia ser. Hope deu de ombros e fez um sinal para que não a esperassem. Elas a deixaram em pé no corredor com a cabeça contra a parede. A história da sua vida.

Rachel soltou um profundo suspiro e olhou para sua mãe:

– Eu odeio essa mulher. Ela faz essa merda com Hope o tempo todo. "Largue tudo que estiver fazendo, querida. Eu estou pronta para ser entretida agora mesmo." É como se Hope não tivesse o direito de ter uma vida fora dos padrões que Pamela planejou para ela.

– Escute, Hope – dizia Pamela. – Eu sei que você pretendia passar o verão todo aí, mas você precisa fazer essa aula da Irene. Não dá para não fazer. Além disso, este é o curso de férias, o que ainda lhe deixa com quatro semanas livres. Depois você poderá recomeçar mais cedo. Vamos... Eu estou com saudade.

– Eu não sei, Pamela. Não estou com planos para a faculdade este verão.

– Olhe, eu vou matriculá-la para que você possa pensar mais a respeito depois. Mas eu realmente queria que você fizesse essa aula. Se você estiver disposta a fazer o curso de férias conseguirá se formar a tempo da aposentadoria de McAllister, o que seria perfeito. Eu sei que conseguiria colocá-la para dar aula na faculdade, com pouca ou nenhuma dificuldade. Será perfeito.

Hope estava com dor de estômago quando Pamela acabou de falar. Todos aqueles sentimentos estranhos de ansiedade haviam voltado à tona. Ela precisava de Rachel, e Rachel só estaria de volta daqui a algumas horas. Foi procurar Berlim. Acabou sentada do outro lado da mesa de Emerson, que estava adormecida, debruçada sobre a mesa com um lençol lhe cobrindo os ombros.

– O que há com ela? – perguntou Hope.

– Pesadelos novamente. Ela trabalha a noite toda para fugir deles, entra aqui para tomar café e acaba adormecendo na metade – explicou-lhe Berlim.

Os dedos de Emerson ainda estavam enroscados na sua xícara.

– Você está bem, querida? – perguntou Berlim, percebendo como Hope estava pálida.

Antes que ela pudesse responder, a campainha da porta dos fundos tocou.

– Droga, é o meu fornecedor. Tenho algumas coisas para tratar com ele. Lesmas na alface, para começar. Pegue uma xícara de café. Eu volto já.

Hope ficou sentada olhando para Emerson, lembrando-se da tarde que haviam passado juntas patinando. Lembrando-se de como Emerson havia ouvido com atenção as suas histórias, sem desviar os olhos de seu rosto uma única vez quando elas se sentaram no parque para descansar. Aquilo não se parecia em nada com a atenção fragmentada de Pamela. Emerson se importava com ela. Quando era sua vez de falar, ela só encontrava o olhar de Hope ocasionalmente, tímida demais para fazer um contato direto. Hope contou-lhe coisas que Pamela nunca soube, coisas que ela nunca havia se dado ao trabalho de saber. E Hope sabia que Emerson, por sua vez, estava falando de coisas há muito enterradas dentro de si. Naquela tarde elas se tornaram realmente amigas.

O dia pareceu voar e, antes que as duas se dessem conta, a escuridão chegou. Elas jantaram na casa de Katherine. A cozinha estava quente por causa do ar abafado do verão que entrava pelas janelas abertas. Comida e risos. O sorriso maroto de Emerson e os olhos brilhantes de Katherine, feliz em ver a sua filha problemática se divertindo. Emerson e Hope demoraram-se um pouco para dizer boa noite, como se as coisas estivessem começando a acontecer entre elas. Hope ficou deitada na cama repassando todo o dia maravilhoso em sua cabeça. Lembrou-se de ter se sentido bem, faminta por coisas que quase havia esquecido de que existiam.

Emerson se agitou, e um cacho de cabelo caiu em seu café. Hope prontamente o tirou de lá, segurando-o por um momento. Era grosso e macio. Ela adorava o cabelo de Emerson, ondulado e rebelde. Imaginou-se passando os dedos por eles. Lavando-os. Se um cabelo podia ser erótico, o de Emerson era. Hope enrubesceu com os próprios pensamentos. Deixou o cacho cair. Emerson despertou e tentou focar o olhar. Esfregou os olhos e olhou ao redor por um momento até entender o que estava acontecendo.

– Ah, dormindo no café novamente. Minha bela amiguinha, o que você está fazendo? Eu não estava sendo boa companhia para o desjejum. Você deveria ter me acordado. Merda! Que horas são? – disse Emerson, olhando para fora e percebendo o sol já alto.

Hope olhou para o seu relógio:

– Dez e meia.

– Estou atrasada. Muito atrasada para um compromisso muito importante – disse Emerson, levantando-se abruptamente. Olhou então para Hope.

– Venha comigo. Você poderá conhecer a minha agente, Lauren, a fera extraordinária – disse Emerson, agarrando a mão de Hope e arrastando-a pela rua até o estúdio.

Lauren já estava lá, andando para lá e para cá, fumando um longo cigarro escuro. Usava uma elegante roupa preta. Avaliou Emerson rapidamente.

– Droga, Emerson, você vai se atrasar para o seu próprio funeral.

– Para falar a verdade, se não fosse pela minha bela amiguinha aqui, eu estaria realmente atrasada, ainda dormitando no café.

– E a sua amiga por acaso tem nome?

– Hope Kaznot – disse Hope, estendendo a mão. Ficou se perguntando se Emerson lembrava do seu nome. Não que isso realmente importasse. Elas pareciam estar indo bem sem isso.

Emerson as levou a um *tour* pelos seus trabalhos mais recentes, que estavam programados para uma exposição no final de agosto. Lauren pareceu satisfeita com o progresso de Emerson, mas Hope sentiu-se medida da cabeça aos pés, como se fosse um impedimento ou perturbação.

Depois que Lauren foi embora, Emerson soltou um suspiro de alívio.

— Livre por mais dois meses — ela disse, tirando uma coca da geladeira. — Você quer um uísque? Ainda tenho a garrafa. Você parece estar precisando de um. Lauren não a deixou nada à vontade, não é mesmo? Ela às vezes é excessiva, mas vende muitas obras de arte, por isso todos nós agüentamos a sua frescura nova-iorquina. Você está bem?

Hope sentou.

— Acho que vou aceitar o uísque.

Emerson prontamente o pegou para ela, sentando-se depois ao seu lado no sofá gasto.

— Qual é o problema? — disse Emerson, olhando para ela intensamente.

— Pamela ligou.

— Oh! — disse Emerson, passando a língua sobre o seu lábio superior, tentando compreender o que isso significava.

— Ela quer que eu volte para o curso de verão, para fazer uma aula na qual eu não estou nem um pouco interessada, para que eu possa me formar mais cedo e assumir um cargo de professora que eu não desejo — soltou Hope, desculpando-se logo em seguida. — Eu não tive a intenção de fazer a coisa toda soar dessa maneira.

— Eu acho que teve sim — disse Emerson, levantando-se para encher novamente o copo de Hope.

Hope olhou para ela.

— Tive.

E então riu.

Emerson sorriu.

— Eu adoro o modo como você ri.

— Uma das minhas poucas qualidades — disse Hope ironicamente.

– Por que você diz isso? Você é tão dura consigo mesma. Você é maravilhosa. Por que não tem consciência disso?

– Não, eu não tenho valor algum. E terei menos ainda se não obtiver o meu doutorado e começar a lecionar.

– Por que você deveria fazer o que não quer?

– Porque eu devo – disse Hope, soltando um suspiro de resignação.

– Quem disse? Pamela?

– E a minha mãe, que acha que se eu tenho necessariamente que ser lésbica, preciso pelo menos ter uma profissão decente. E a verdade é que isso realmente não importa. No ano que vem eu vou retirar o meu fundo de garantia. Não vou precisar de muito dinheiro.

– Então a questão é prestígio – perguntou Emerson.

– Eu suponho que sim.

– E o que é que você quer?

Hope olhou para ela.

– Prometa que não vai rir se eu lhe contar.

Emerson pareceu confusa.

– É assim tão grave?

– Acho que não. É bastante simples. Eu só quero ter um casamento feliz. Sabe, fazer o jantar, ter um jardim, viver fora da cidade, cuidar de alguém.

– E esse alguém não é Pamela?

– Não, ela não é assim. Ela quer uma companheira intelectual, alguém de quem ela possa se gabar como sendo a mortal perfeita para ser a sua mulher. Eu nunca vou conseguir suprir as suas expectativas.

– Foi por isso que você foi embora?

– Sim.

– E é por isso também que não está disposta a voltar.

– É.

– Então diga-lhe para cair fora. Você voltará para casa quando se sentir pronta.

– Oh, Emerson, não é tão fácil.

– É sim. Você diz simplesmente: "Pamela, eu ainda não estou pronta para voltar. Não me force e não espere por mim". Viu, é simples assim. – Ela tirou um telefone antiqüíssimo das profundezas de uma caixa e começou a procurar por uma tomada. – Sei que há uma por aqui, em algum lugar.

– Emerson, o que você está fazendo? – perguntou Hope alarmada.

– Você vai ligar para Pamela – respondeu Emerson, erguendo uma pilha de telhas empoeiradas. – Ah, aqui está.

– Eu não posso fazer isso – disse Hope, servindo-se nervosamente de outro uísque.

– Você não pode permitir que ela a intimide. Qual é o número? – perguntou Emerson com o dedo pronto para discar.

Hope permaneceu muda.

– Ou você me dá o número ou eu ligo para o auxílio à lista.

Hope, indo contra todas as suas convicções, deu-lhe o número. Emerson discou. Pamela atendeu. Emerson estendeu o telefone para Hope, que agora encontrava-se em pânico. Ela se recusou a pegá-lo.

Hope ouviu os múltiplos "alôs" de Pamela.

– Pamela, aqui é Emerson Wells, uma amiga de Hope. Ela não vai voltar até o outono. Ficou verde com a simples idéia de voltar antes disso. Volte a ligar para ela, digamos, no final de agosto.

– O quê? – gritou Pamela. – Hope está aí? Deixe-me falar com ela agora mesmo.

Emerson afastou o fone, tampando o bocal.

– Ela quer falar com você.

Hope cobriu o rosto com as mãos.

– Oh, Emerson, eu não posso acreditar que você tenha feito isso.

– Bem, eu comecei, agora você termina. Você é capaz de fazê-lo. Eu sei que é.

Hope olhou para Emerson por um momento, pensando: "Eu ainda não estou preparada para ir embora. Eu ainda não penteei o seu cabelo. Não aprendi a saltar de patins e você ainda não esculpiu as minhas mãos." Pegou o fone.

– Hope, o que está acontecendo? Quem é essa mulher?

– É uma amiga que está preocupada comigo. Pamela, eu pensei bastante a respeito do que conversamos. Meu estômago dói só de pensar em voltar para a faculdade. Eu vou passar o verão aqui, portanto não me matricule, ok? Estou falando sério. Não vou voltar antes de agosto. Estou precisando desse tempo – disse Hope, com firmeza.

Pamela surpreendentemente concordou.

– Está bem, querida. Eu não queria apressá-la. Relaxe, ok? Talvez eu consiga arranjar um jeito de dar um pulo aí entre as aulas para uma visitinha. Cuide-se, Hope. Sinto a sua falta.

– Eu também sinto a sua.

– Sente mesmo? – perguntou Emerson, depois que Hope desligou o telefone.

– O quê?

– Falta dela.

Hope pensou por um minuto.

– Não. Eu deveria, mas não sinto. Sinto um imenso alívio quando não estou com ela.

– Isso não é bom.

– Eu sei.

– Por que você vive com alguém que a deixa tão nervosa?

– Porque ela nem sempre me deixou tão nervosa. Ela me fazia sentir revigorada, excitada, como se fosse um tipo estranho de barato.

– E agora, olhando para trás, você está vendo que cometeu um erro – disse Emerson, colocando o telefone de volta na sua caixa misteriosa.

– Achei que Berlim havia dito que você não tinha telefone – disse Rachel.

– Não tenho mesmo. Vamos almoçar. Eu convido.

– Eu adoraria – disse Hope, com os olhos se iluminando.

Ao descerem as escadas, Emerson disse:

– Estou incrivelmente orgulhosa por você ter conseguido se impor.

– Obrigada por ter me ajudado a fazê-lo.

– Quer dizer então que não está zangada? – perguntou Emerson cuidadosamente.

– Não, eu não estou zangada.

– Que bom.

Rachel olhou para fora da janela do café e viu Emerson e Hope saltando em círculos no meio do parque.

– Berlim, o que você acha que elas estão fazendo? – perguntou Rachel.

Berlim aproximou-se, ficando ao seu lado.

– Acho que o nome disso é três sextos. Se eu não soubesse que é loucura, acharia que Emerson está ensinando Hope a saltar.

– Sobre patins, a pirueta nos degraus do Palácio da Justiça, oh, meu Deus. Eu vou colocar um ponto final nisso – disse Rachel.

Berlim agarrou o seu braço:

– Você não vai fazer nada disso.

– Por que não?

– Porque Emerson está ensinando a Hope a lição mais importante de toda a sua vida.

– Qual? Como se matar?

– Não, como acreditar em si mesma. Emerson não vai deixar que ela se machuque. Ela a ama.

– Essa história de novo, não.

– É verdade. Olhe só para as duas juntas. Elas ainda não consumaram nada, mas isso não quer dizer que não estejam se apaixonando.

Rachel ficou observando-as por alguns instantes. Hope finalmente fez um três sextos completo e as duas se cumprimentaram batendo as mãos. Emerson deu-lhe alguns tapinhas nas costas e despenteou seu cabelo.

– Nossa, isso foi realmente muito bom. Você logo estará pronta para fazer isso sobre patins – disse Emerson sorrindo de orelha a orelha.

– Quando? Vamos tentar agora? – disse Hope, toda entusiasmada.

– Ainda não. Ainda precisamos de alguns ensaios sem eles. Pamela ficará furiosa comigo se eu a enviar de volta numa caixa ou sem os dentes da frente – disse Emerson.

– Eu não quero pensar em voltar. Só quero viver o agora sem pensar no futuro – disse Hope.

Naquela noite Rachel ficou sentada de frente para a cama de Hope ouvindo-a contar como Emerson havia salvado o seu dia. Rachel sorriu.

– Fico feliz em saber que você não deixou que ela a intimidasse. E estou feliz por você ficar aqui.

– Rachel, acho que julguei Emerson mal. Ela, na verdade, é uma mulher muito doce – disse Hope.

– É mesmo. Acho que ela amadureceu um pouco, e que a história toda com Angel está finalmente chegando a um ponto final. Isso é bom. Já não era sem tempo.

– Como Angel a tratava? Ela era boa para Emerson?

Rachel recostou-se em sua cama e pensou por um momento:

– Eu provavelmente não sou a melhor pessoa para julgar isso, mas acho que ela mexia com a cabeça de Emerson por puro divertimento. E tinha ciúme, um ciúme violento do talento de Emerson. Costumava sabotar as coisas. Tumultuar os dias em que Emerson precisava trabalhar – disse Rachel.

– Talvez ela encontre alguém legal um dia desses – disse Hope, aninhando-se sob as cobertas.

Rachel desligou a luz, pensando: "Ela já encontrou".

7

O salão encheu-se rapidamente de nativos e turistas. Rachel ficou observando as pessoas de fora ocuparem as mesas e fazerem os seus pedidos e ativou o cronômetro do seu relógio. Era um velho hábito checar quanto tempo os turistas levavam para perceber que a maioria dos habitantes da cidade era homossexual. Lésbicas, predominantemente. A hora da dança costumava denunciar tudo, mas às vezes eles se davam conta antes da música começar a tocar. O olhar em seus rostos surpresos sempre a fazia cair na gargalhada. Ao menos uma vez na vida os heteros estavam em minoria. Rachel gostava desta sensação. "Vejam como é", pensava ela, presunçosamente.

As lésbicas das barracas haviam prometido a Berlim que dariam uma passada por lá. Rachel acusou Berlim de ter armado tudo, o que ela negou com fervor, sorrindo maliciosamente.

Hope estava no bar, conversando com Berlim, à espera das bebidas.

Rachel sentou-se com Emerson, que estava ocupada agrupando os diversos itens sobre a mesa, segundo os mais variados padrões.

– Você gosta de Hope, não é? – perguntou Rachel.

Emerson desviou o olhar do que estava fazendo.

– O quê?

– Você me ouviu. Gosta dela, não é?

– Gosto, ela é divertida.

– Não, Emerson, você sabe o que eu estou querendo dizer.

Os olhos azuis de Emerson encontraram os olhos mais escuros de Rachel.

– Eu acho que não.

– Você gosta dela como mulher.

– Ela é casada, lembra-se?

– Mas não é feliz.

– Foi você quem disse que nós deveríamos nos tornar amigas – replicou Emerson.

– Eu não falei nada sobre se apaixonar.

– Eu acho que não sou mais capaz disso.

– Eu não teria tanta certeza.

– Rachel, o que você está tentando dizer? – perguntou Emerson.

– Estou tentando dizer que você tem que ser cuidadosa por sua causa e por causa dela. Nenhuma de vocês duas tem uma estrutura emocional forte. Eu só quero que você tenha cuidado. Não quero que nenhuma de vocês duas se magoe. Isso é tudo.

– Eu sei. Nós tomaremos cuidado – disse Emerson sorrindo.

Rachel não estava tão certa disto. Berlim tinha razão. Elas olhavam uma para outra por tempo demais, com intensidade demais, com muita coisa demais.

Hope sentou-se.

– Rachel, quem é aquele homem no balcão com as fotos?

– É Clive.

– E o que ele está fazendo com as fotografias? – perguntou Hope.

– Remexendo no passado quando deveria estar vivendo o presente. Ele bebe e as reagrupa. Está convencido de que se conseguir descobrir a combinação correta, as coisas serão diferentes – respondeu Rachel.

Hope franziu as sobrancelhas e olhou para ele. Falava sozinho enquanto mexia nas fotos.

– O que aconteceu para que ele ficasse assim? – perguntou Hope.

– Tudo de ruim – respondeu Emerson.

– Seus negócios faliram, sua mulher o deixou, seu cachorro morreu, seus filhos não falam com ele e ele é alcoólatra – disse Rachel.

– Ele se tornou alcoólatra antes ou depois de tudo ruir? – perguntou Hope.

– Isso faz alguma diferença? – perguntou Emerson.

– Faz – respondeu Hope inflexível.

– Por quê? – perguntou Emerson.

– Porque se ele já era alcoólatra antes, pode-se culpar o álcool por seu esdrúxulo destino, o que traz à tona a questão esotérica de por que algumas pessoas levam vidas encantadas e outras não – disse Hope.

Emerson olhou para ela, apreciando o seu raciocínio.

– Adoro a sua maneira de pensar.

Hope enrubesceu.

– Ele começou a beber depois de as coisas começarem a dar errado. Teve azar – disse Rachel.

– Ou talvez tenha continuado a fazer as opções erradas – disse Emerson.

– Espero não acabar desse jeito, fazendo escolhas erradas, sentando num bar e rearranjando infinitamente a minha vida como um quebra-cabeça ruim, só para descobrir que as peças nunca se encaixam – disse Hope.

– Isso não vai acontecer – disse Emerson.

– Não? – perguntou Hope.

– Não – disse Emerson, seus olhos se encontrando.

Olhando-as, Rachel pensou que Berlim estava certa. Elas estavam dizendo coisas uma à outra na linguagem não falada dos amantes. Isso não deveria estar acontecendo. Rachel havia prometido a Pamela que traria Hope de volta feliz e sadia e não apaixonada por outra pessoa. Pamela a odiaria até o fim de seus dias.

As mulheres das barracas chegaram, pediram bebidas e começaram a conversar. Rachel fez o possível para ser cordial, pois Hope era tímida e Emerson costumava ser excessivamente rude para que se pudesse contar com ela nessas situações. Rachel estava sob o estresse de ser a anfitriã e amaldiçoou Berlim em pensamento.

Emerson, porém, surpreendeu-a, comportando-se bastante bem; foi quase cordial. Ela e Amy conversaram a respeito de escolas de arte. Ambas haviam passado por lugares semelhantes. Hope permaneceu sentada, ouvindo a conversa, até que Denise tocou gentilmente o seu braço.

– Você provavelmente não se lembra de mim, mas eu era uma das alunas das turmas em que você era assistente de professor. O tema era Medusa, Musa e Madona, da professora Severson – disse Denise.

– Eu estudei na Smith durante um ano antes de ir para Berkeley.

Hope resmungou.

– O que foi? – perguntou Denise.

– Eu odeio essa matéria. Odiava ser assistente de professor, mas Pamela me forçou a isso.

– Eu a achava ótima. Você nos ouvia e deixava que falássemos. Para falar a verdade, se não fosse pelo seu grupo de estudos, acho que muitos de nós não teríamos conseguido passar – disse Denise, com os olhos brilhando de admiração.

– Eu bem que achei que você tinha um rosto familiar, mas não sabia de onde a conhecia. Eu ficava muito nervosa naquela época. A classe inteira me parecia um grande borrão de ansiedade – confessou Hope.

Ambas ficaram chocadas com a sua honestidade.

– Desculpe – disse Hope.

– Não é preciso – disse Denise enfática. – Todas nós estávamos lá. Você não parecia nervosa.

– Eu devo ter disfarçado bem.

– Eu sei que essa é uma pergunta um tanto pessoal, mas você e a professora Severson eram namoradas, não eram?

Hope olhou para Emerson, que fingia não ouvir a conversa.

– Sim. Era assim tão óbvio?

– Eu não diria óbvio, mas com certeza era possível perceber que havia uma certa química entre vocês duas.

Elas não estavam juntas nessa época, só haviam começado a namorar mais tarde. Pamela era a orientadora de Hope. Ela a incentivava a fazer coisas como dar aulas. Hope era inteligente e Pamela percebera que só precisava de autoconfiança. Hope concordou em ajudar nas aulas somente porque Pamela era a professora. Ela havia se inscrito em várias de suas aulas unicamente porque estava completamente enamorada por ela. Além do mais, as aulas estavam repletas de outras lésbicas, com quem Hope nunca havia tido a coragem de conversar, mas de quem ela gostaria de se aproximar. Ela odiava ser tímida, mas não conseguia evitar isso.

Sua única proeza surpreendente era ir ao escritório da professora Severson com uma pergunta que ela havia levado meses elaborando. Elas conversavam. Hope fez isso na maior parte de seu ano de formatura. Pediu que Pamela lhe escrevesse uma carta de recomendação para a pós-graduação. Pamela mexeu seus pauzinhos para que ela conseguisse uma vaga. O fato de trabalharem juntas deu a elas o pretexto perfeito para passar algum tempo a sós uma com a outra. Hope ainda se lembrava da primeira noite em que haviam se beijado, a primeira noite em que fizeram amor.

Pamela a havia convidado para jantar, dizendo que o mínimo que ela podia fazer era alimentar uma aluna faminta. Hope não se lembrava qual havia sido o cardápio, somente de que havia muito vinho. A certa altura da conversa, Pamela aproximou-se dela e a beijou.

– Eu venho querendo fazer isso há muito tempo – disse Pamela.

Hope ficou apavorada, mas, ao mesmo tempo, totalmente entregue. Não havia nada a fazer a não ser deixar-se seduzir. Ela havia esperado, imaginado, elaborado o roteiro deste momento em sua mente centenas de vezes. Havia tentado preparar-se para uma possível decepção caso o sonho se transformasse em realidade, mas Pamela não a decepcionara. Pelo contrário, fora gentil, nem um pouco atrevida, ansiosa ou excessiva. Ela devia ter percebido que Hope era frágil.

Quando tudo acabou, Hope achou que seria mais uma da lista de conquistas da professora Severson, porém na manhã seguinte havia um vaso de lírios brancos sobre a sua mesa, provocando os olhares inquisidores de seus companheiros de classe. Ela leu o cartão: "Você é maravilhosa. Hoje à noite?"

Timidamente, ela foi até o escritório de Pamela.

– Oi – disse Hope, parada na porta.

– Entre – disse Pamela, sorrindo para ela.

– Obrigada pelas flores – disse Hope.

Pamela fechou a porta por trás delas. Tomou Hope nos braços, aninhando o rosto em seu pescoço macio.

– Eu não consigo parar de pensar em você.

E foi assim que tudo começou. Pamela havia finalmente encontrado a sua filha/namorada/protegida envolta em um belo embrulho de inocência loira. Ela estava extasiada. Hope havia encontrado uma mulher suficientemente forte para compensar tudo o que lhe faltava. Mudou-se para a casa de Pamela, que começou a cuidar de sua vida.

– Ela deve ser a namorada que todo mundo pediu a Deus. Eu não consigo me imaginar com alguém assim – disse Denise.

– Jamais um momento de tédio, isso com certeza – disse Hope esvaziando o seu copo. – Você gosta de Berkeley?

– Sim, muito – disse Denise.

– Posso lhe trazer um outro uísque? – disse Emerson, pegando o seu copo vazio.

Hope olhou para ela:

– Está tentando me embebedar? – ela provocou.

– Eu jamais faria isso – disse Emerson, com uma indignação bem-humorada.

– Cuide para que eu chegue em casa inteira – respondeu Hope, flertando com ela.

– Sã e salva – disse Emerson, apressando-se para o bar.

Hope seguiu-a com o olhar, admirando seu passo principesco. Emerson a fazia lembrar dos cavalheiros.

– Você e Pamela ainda estão juntas?– perguntou Denise.

– De certo modo – disse Hope, reencontrando o olhar de Denise. – Ela está em Nova York cumprindo os seus compromissos acadêmicos e eu estou aqui, dando um tempo.

Emerson trouxe a sua bebida e uma outra para Denise. As duas lhe sorriram com agrado.

Denise e Hope conversaram a respeito de faculdades e Emerson e Amy, sobre tendências. Charlene, Lily e Rachel ficaram contando piadas de sapatão até começarem a rir tão alto que todo mundo acabou se envolvendo. Até mesmo Berlim acabou entrando na onda, mostrando que também tinha o seu próprio estoque de piadas. Lily estava absolutamente histérica. Ela deveria ter se tornado humorista e não especialista em contabilidade.

– Uma contadora precisa ter senso de humor, sabia? – disse Lily a Rachel.

Emerson inclinou-se para sussurrar no ouvido de Hope:

– Que tal uma volta no parque?

Hope olhou para ela e sorriu.

– Sim, por favor. Acho que já basta de badalação por esta noite.

— Nós vamos embora – disse Emerson a Rachel.

Lily tocou o braço de Rachel:

— Fica para uma saideira?

— Isso, Rachel, fique. Eu levo Hope em casa – disse Emerson.

Elas foram para o parque.

— Ah, que legal! Eu tinha me esquecido de que hoje era noite de lua cheia – disse Hope olhando para o céu.

— Eu não a convidaria somente para uma simples caminhada – disse Emerson. – Achei que poderíamos nos deitar sob a minha árvore predileta e tomar um pequeno banho de lua.

— E como se faz isso, meu Deus? – perguntou Hope.

— Tudo o que você precisa fazer é deitar, ter bons pensamentos e absorver os raios de luar. É simples.

— Tudo é simples para você – provocou Hope.

Emerson sorriu.

— É isso mesmo. Chega de complexidade, isso deixa a gente exaurida. Simples, as coisas têm que ser simples.

— É por isso que você é tão reservada? – perguntou Hope, quando elas se sentaram sob um olmo gigante.

— Sim. As pessoas passam a maior parte do tempo complicando as coisas.

— E eu sou o quê? – perguntou Hope.

— Você é minha bela amiguinha – disse Emerson.

— Emerson, por que você nunca diz o meu nome?

Houve um breve momento de silêncio antes que Emerson olhasse para ela.

— Porque é uma palavra que eu não uso mais, que eu não sou mais capaz de usar.*

— Quando você será capaz de pronunciá-la?

— Provavelmente nunca.

— Isto não é muito positivo.

— Então deite-se com as palmas das mãos voltadas para o céu e tome um banho de lua. Vamos trabalhar a positividade – orientou Emerson.

— Você é uma mulher estranha – disse Hope, deitando-se.

---

* Hope significa esperança em inglês (N. T.)

Elas ficaram em silêncio. Hope achou reconfortante deitar-se sob o imenso céu estrelado e brilhante, a luz da lua, a terra fria sob elas, a grama e as árvores exalando seu odor.

– Emerson, a estátua da praça principal é do seu avô.

– Sim.

– Então por que você se chama Emerson, quando este, na verdade, é o seu sobrenome?

– Porque a minha mãe me deu este nome depois de fazer um desejo bem perto da antiga casa. Ela disse que me desejou e eu vim, por isso me deu este nome.

– Que delicado. Ela deve ter sido uma mulher incrível.

– Eu gostaria de tê-la conhecido. Mas Katherine a conheceu. Se não fosse por ela, eu não saberia nada a respeito da minha mãe.

– Rachel me disse que ela e sua mãe eram namoradas.

– Eram. Acho que é isso que torna Katherine tão especial para mim.

Elas ficaram quietas mais uma vez.

– Conte-me como foi que você se apaixonou por Pamela – disse Emerson.

– Por quê?

– Porque eu quero saber como é que você fica quando se apaixona – disse Emerson, erguendo-se sobre um cotovelo. Hope continuou olhando para as estrelas.

– Eu não sei exatamente como fico. Acho que fico meio dispersa, esquecida das coisas cotidianas e faminta.

– Faminta? Por que faminta?

– Porque quando estou feliz eu tenho um apetite voraz. Tudo adquire um sabor melhor, um cheiro melhor, tudo é melhor quando se está apaixonado – disse Hope, rolando na grama para ficar de lado.

– Você está confundindo fascinação com amor – disse Emerson calmamente.

– Talvez, mas isso faz alguma diferença no final das contas?

– Faz, se tudo acaba se resumindo a isso.

– E se não acabar assim?

– Então você fica com todas aquelas lembranças cor-de-rosa

que a sustentam durante os períodos de aversão ao ser amado – disse Emerson.

– Exatamente. Se não fossem essas lembranças, não haveria mais nenhum casal junto sobre a face da Terra. As memórias e as promessas são duas coisas que nos dão vontade de viver.

– Você acha mesmo isso?

– Sim, uma faz parte do passado e outra do futuro, e o presente é o lugar onde ambas são geradas, onde tudo é possível, onde ocorre a criação, a feitura do futuro e a manutenção do passado.

– Uau! – disse Emerson, deitando-se. – É isso que eu gosto em você. Você me faz pensar.

– Sei.

– Por que você faz isso?

– Isso o quê?

– Se diminuir desse jeito.

– É um hábito, eu suponho.

– Bem, é um hábito que eu vou fazer com que você abandone – disse Emerson.

Hope não lhe disse que havia desenvolvido esse hábito por ter passado a maior parte da sua vida com pessoas que achavam que ela era uma selvagem intelectual, às voltas com idéias e pensamentos que não faziam outra coisa senão criar uma teia de questões esotéricas sem respostas. Mas Hope gostava de se questionar, de ponderar a respeito de coisas impenetráveis. Tanto sua mãe como Pamela haviam tentado refrear essas tendências. Hope simplesmente as escondeu, depois de finalmente perceber a conspiração.

– Eu gosto quando você fala sobre essas coisas – disse Emerson. – Elas são interessantes e não se parecem com esses papos cotidianos que às vezes são tão entediantes.

– Fique por perto tempo suficiente e acabará descobrindo que o mundo esotérico também pode ser entediante – disse Hope.

Emerson deu um tapa no ombro dela.

– Ai! Por que você fez isso? – perguntou Hope, esfregando o ombro.

– Eu disse que ia fazer com que você abandonasse esse hábito.

– E se eu gostar do meu hábito e não quiser me desfazer dele?

– É um hábito ruim e você deveria deixá-lo de lado.

– E se eu não o fizer...

Emerson mostrou a mão para ela.

Hope agarrou-a pelo pulso. Seus olhos se encontraram. Emerson afrouxou gentilmente a pressão que fazia na mão de Hope, segurando-a por mais um momento.

– Posso desenhar as suas mãos amanhã?

– Só se não me der mais nenhum tapa.

Emerson aproximou a sua própria palma da mão de Hope para compará-las. Hope ficou observando. Sem se dar tempo para pensar, Hope fechou seus dedos em torno dos de Emerson. A pergunta pairava nos olhos de ambas. Hope desvencilhou-se, ajeitou um cacho desgarrado do ombro de Emerson, tocou sua bochecha suavemente e disse:

– Você devia me levar para casa.

Elas pararam em frente à casa. A luz da sala ainda estava acesa.

– Amanhã? – perguntou Emerson.

– Certo.

– Emerson.

– Sim?

– Obrigada.

– Pelo quê? – perguntou Emerson confusa.

– Pelo modo como me faz sentir – disse Hope, beijando sua testa rapidamente e correndo escada acima.

Emerson ficou parada por um momento como uma de suas estátuas. Depois desatou a correr até chegar em casa, passando por Rachel e Lily, que estavam em frente ao café.

– Emerson, o que há de errado? – perguntou Rachel.

– Nada. Não há nada errado – gritou ela, enquanto passava voando por elas.

– Você tem certeza de que elas não são namoradas? – perguntou Lily.

– Eu já não sei mais.

– Você vai passar na feira amanhã?

– Eu não tinha planos de fazê-lo – disse Rachel, de maneira ausente.

Lily tomou o seu queixo, desviando o seu rosto da direção de Emerson para a sua própria.

– Por que não?

– Está bem – disse Rachel.

Na manhã seguinte Rachel encontrou sua mãe só na cozinha. Berlim ainda estava no andar de cima dormindo. Hope estava do lado de fora, tomando café e lendo jornal. Rachel olhou para Hope pela janela. Às vezes ela se perguntava se Hope realmente lia o jornal ou se o usava como um escudo para poder devanear sem ser interrompida. Rachel estava inclinada a optar pela segunda hipótese.

– Mãe?

– Sim, querida? – disse Katherine, desviando os olhos da frigideira de ovos mexidos que estava fazendo.

– Berlim acha que Hope e Emerson estão se apaixonando. No início eu não acreditei nela, mas depois de vê-las juntas na noite passada eu acho que ela tem razão. Estou preocupada.

– Por quê?

– Porque eu não acho que essa seja uma boa idéia.

– Não é você quem deve decidir isso.

Rachel franziu as sobrancelhas, confusa.

– Elas são minhas amigas. Não quero que se magoem.

Katherine segurou os ombros de Rachel.

– Se você as ama, terá que deixá-las livres.

– O que você quer dizer?

– Às vezes, o melhor presente que você pode dar a alguém é deixar que ele parta. Eu sei que você ainda ama Emerson e que também ama Hope, mas ela não é para você.

– Nem para Emerson tampouco.

– É sim. Rachel, você vai encontrar a pessoa certa. Elas são as pessoas certas uma para a outra.

– Por que todo mundo tem tanta certeza de que isso está certo? – disse Rachel, afastando-se, seu rosto vermelho de raiva. – Isso aqui não é o livro de crônicas de Delfos.

– Rachel, você se lembra de quando Berlim lhe contou a respeito de mim e de Sarah?

– Sim.

– Eu amava Sarah. Eu a amava mais do que achava que era possível amar alguém, mas quando vi que não poderia dar a ela todas as coisas das quais ela necessitava para ser feliz, abri mão dela. Quando conheci Berlim, eu me dei conta de que por mais que eu tivesse amado Sarah, ela não era a pessoa certa para mim. Berlim era Berlim e não uma segunda opção. Nós éramos as pessoas certas uma para a outra. Se você e Hope tivessem namorado, teria sido somente porque você a queria salvar de Pamela. Namorando, Hope e Emerson salvarão uma à outra e a si mesmas.

– Salvarem uma à outra de quê?

– De um mundo desagradável, cheio de pessoas desagradáveis.

– O quê?

– Nenhuma das duas é do tipo astuto. Você é, gosta de prosperar. Por que você acha que Hope não quer ser professora? Ela não quer o cargo porque não gosta de competir e ter que ganhar sempre de todo mundo. Hope é uma dessas pessoas que gosta de ponderar e que quer ser deixada sozinha para explorar a si mesma. Ela não está realmente interessada no que está se passando aqui. Só está interessada nas sensações e em cultivar as experiências que as produzem. A grande conquista de Hope será ela própria, e isso é tudo o que ela quer. Emerson pode dar a ela esse espaço porque se parece muito com ela. Você, não. Ela só estaria trocando um mal por outro.

– Então agora eu sou má – disse Rachel, indignada. – Como é que você sabe isso tudo, afinal?

– O livro de crônicas de Delfos – respondeu Katherine presunçosamente. Na verdade, a própria Hope havia lhe dito isso certo dia. Se Rachel estivesse realmente aberta para ouvir, Hope também teria lhe contado. Mas Hope e Katherine sabiam que Rachel, sendo uma pessoa que faz e não que pensa, não teria compreendido.

– Eu desisto – saindo aos berros.

– Qual é o problema? – disse Berlim, entrando na cozinha com um aspecto terrível.

– Atormentada pelo livro de crônicas de Delfos.

Rachel voltou, novamente aos berros:

– E, só para o seu governo, eu não estou apaixonada por Hope!

Hope, tendo ouvido o seu nome ser gritado na cozinha, voltou de seus devaneios, baixou o jornal e olhou inquisidoramente para Rachel.

– Rachel, você está bem?

– Estou. Está tudo bem – disse Rachel saindo.

– Espere – chamou Hope.

– O que foi? – disse Rachel tensa.

– Qual é o problema? – disse Hope, segurando a mão de Rachel.

Rachel deu de ombros, pensando no que deveria dizer, mas não podia. "Eu estou apaixonada por você. Você está apaixonada por Emerson. E Pamela vai arruinar minha carreira acadêmica por ter provocado todo esse caos, coisa que eu não fiz." Em vez disso, ela disse:

– Nada importante. Só uma briga entre mãe e filha.

– Você vai à feira comigo e Emerson?

– Claro, eu prometi a Lily que iria – disse Rachel.

– Ela não está nada contente com esta história entre Emerson e Hope, não é mesmo? – disse Berlim, servindo-se de um grande copo de suco de tomate e olhando para as duas no pátio de trás.

– Nem um pouco.

– Eu jamais pensaria em Rachel como um empecilho – disse Berlim.

– É duro quando todos à sua volta estão apaixonados e você não. Além do mais, eu acho que ela não conseguiu perdoar Emerson completamente por ter partido o seu coração.

– Elas eram jovens demais – disse Berlim. – Esses amores nunca vingam.

– É verdade – disse Katherine, pensando em Sarah.

– De onde foi que surgiu o livro de crônicas de Delfos, afinal?

– Quando Rachel era pequena e nós queríamos lhe ensinar alguma coisa, ela sempre perguntava como é que sabíamos. Foi aí que inventamos o livro de crônicas de Delfos, um lugar onde se encontram todas as respostas corretas. Isto pareceu satisfazê-la – disse Katherine.

– Ela sempre foi uma criança tão curiosa – disse Berlim.

– E ainda é. Só que o livro de crônicas de Delfos não cola mais.

– Mas nós ainda temos razão.

– Ela não acha isso.

– Os jovens nunca querem acreditar nos mais velhos. Será que eles acham que toda essa experiência não significa nada, que nós não aprendemos nada com tudo o que vimos? A vontade que eu tenho é de lhe dar umas boas palmadas para ver se ela endireita – disse Berlim, sentando-se abruptamente. – Isto é, depois que a minha cabeça parar de doer.

– Sim, querida – disse Katherine, abraçando a cabeça de Berlim.

8

Rachel encontrou Emerson fazendo um esboço de Hope quando chegou no estúdio.

– Vou esculpir as mãos dela – disse Emerson excitada. – Olhe só para elas. São primorosas.

– Duvido muito que esta seja a única parte primorosa de Hope que a inspira – disse Rachel insinuantemente.

Emerson inclinou a cabeça e sorriu.

Rachel olhou para as duas. Sua mãe e Berlim estavam certas. Ela não podia mais negar isso.

– Pamela vai me matar – grunhiu Rachel, colocando as mãos na cabeça ao sentar-se na cama.

Hope sentou-se atrás dela e esfregou seus ombros:

– Quer fazer o favor de relaxar? Nada disso é culpa sua.

– Eu nunca deveria tê-la trazido aqui – disse Rachel.

– Foi a melhor coisa que alguém já fez por mim.

Rachel virou-se para olhar para ela.

– E Pamela? Como ela vai se sentir?

– Aconteça o que acontecer, Pamela é uma sobrevivente de primeira categoria. Você parece ter esquecido de quem é que nós estamos falando – disse Hope.

– Então é verdade – disse Rachel, ainda na expectativa de que elas o negassem.

Hope olhou para Emerson:

– Eu desejo que seja verdade.

– E você? – perguntou Rachel.

– Idem – respondeu Emerson, olhando para Hope.

– Todas nós estamos falando da mesma coisa? – perguntou Rachel.

– Tacitamente sim – respondeu Emerson.

Hope sorriu. Ambas estavam no piloto automático do amor; indiferentes ao seu destino, incapazes de parar. Era isso que era engraçado no amor, pensou Hope. Você se esquece de ser cauteloso, se esquece da dor que um dia sentiu e só se lembra de olhar nos olhos do ser amado e ver seu amor refletido de volta.

– Vamos encontrar Lily, comer pão indiano frito e tomar umas cervejas geladas. Vai ver como se sentirá melhor – disse Hope.

Rachel olhou para ela de maneira estranha.

– Como é que eu sou a única por aqui que está mal?

Hope tomou o braço de Rachel e conduziu-a até a porta.

– É que, no momento, o restante de nós está se comportando de maneira amoral.

Emerson despenteou o cabelo de Hope e sorriu. As três partiram em direção ao burburinho do centro da cidade.

O prazer de Lily ao ver Rachel foi óbvio. Emerson cutucou Hope, que fez um meneio de cabeça concordando. Lily era um amor e se Rachel parasse de ter raiva do mundo poderia enxergar isso também.

– Emerson, por que é que você não expõe as suas esculturas aqui na feira? – perguntou Lily quando elas se encontravam em frente a uma barraca de peças de bronze.

– Porque Emerson é uma esnobe – respondeu Rachel.

– Não sou não! – disse Emerson indignada.

– É sim. Você não expõe as suas obras aqui porque o seu trabalho é de uma categoria superior e não uma arte menor. Sua arte pode ser requintada, já seus modos... – replicou Rachel.

Emerson fechou a cara para ela.

– Eu não quero falar sobre isso. Além do mais, as minhas peças são muito grandes e ninguém as compraria mesmo. Eu me recuso a sentar numa barraca o dia inteiro, ver as pessoas passando, cobiçando as peças e seguindo em frente. É degradante.

Hope olhou para Emerson, a artista sensível, sob um novo ponto de vista. Ela não havia dado muita importância ao trabalho de Emerson. Emerson, a artista, ainda não tinha se desenvolvido por completo. Emerson era a sua amiga, sua companheira de patins, sua protetora e outra coisa ainda, aquela na qual ela ainda não tinha se permitido pensar, embora pudesse percebê-la em andamento, estremecendo com aquele rasgo de pensamento, o mundo sombrio do desejo.

O desejo era uma experiência nova para Hope. Naquela manhã, sentada por detrás do jornal, ela ponderou a respeito do conceito de desejo, descobrindo que nunca o havia realmente experimentado. Suas outras namoradas – não existiram muitas – a haviam desejado, caçado, seduzido. Ela bancava a presa de boa vontade e, algumas vezes, com grande desempenho. Suas amantes provocavam o seu desejo, mas ela não era capaz de gerá-lo sozinha. Seguia as suas pistas, como discípula bem-instruída, mas nunca fora a grande sacerdotisa do amor.

Pamela havia percebido isso e chamado a sua atenção para o fato.

– Você não pensa em mim como eu penso em você. Eu fico sentada pensando em traçar o contorno do seu corpo, sentir o seu sabor, o seu cheiro. Você só pensa em mim com desejo quando eu provoco a situação.

Hope fez o que pôde para não parecer culpada, mas ambas sabiam que era verdade. Ela tentou muito desejá-la em pensamento, visualizar Pamela na agonia da paixão, mas, por algum motivo, não conseguia levar a coisa adiante. Suas fantasias surgiam como cenas remendadas de um romance de segunda categoria.

Mas agora havia esse tremor relacionado a algo como desejo. Ela se flagrou pensando muito em Emerson. A imagem da artista sensível era completamente nova e trouxe consigo todo um conjunto inteiramente novo de variáveis sobre as quais ponderar.

Hope estava sentada em frente a Emerson, sob uma barraca, para proteger-se do sol ardente do Arizona. O verão, ao que parecia, havia chegado oficialmente. Lily e Rachel estavam discutindo algum fenômeno social relativo aos seus respectivos interesses acadêmicos.

Lily, apesar de estar se formando em contabilidade, também havia estudado psicologia, e o aspecto psicológico facilmente se engendrava com o sociológico. Emerson revirou os olhos para as duas disciplinas com igual desgosto. Para Emerson, não havia nada além da arte. Rachel e Lily tagarelavam sem parar, enquanto Emerson deixava bem claro que não estava interessada e Hope fingia estar ouvindo, uma prática na qual era bastante versada.

Foi nesse momento que Hope descobriu que estava se apaixonando. Ela não havia tido certeza do que estava admitindo quando respondera à pergunta de Rachel, só que estava lentamente se desvencilhando de Pamela. Ela ainda não havia esclarecido para si mesma se estava ou não se envolvendo com Emerson, mas que estava se desvinculando de Pamela era certo. Ela havia pensado nisso durante semanas, desde o telefonema. Aquele não era um assunto que pudesse discutir com Rachel, embora não soubesse dizer exatamente o porquê. A raiva e a frustração de Rachel não faziam sentido, já que ela não gostava de Pamela.

Katherine havia provado ser uma confidente melhor. Hope a havia encurralado uma bela manhã, quando Rachel estava trabalhando.

– Posso falar com você um momento? – perguntou Hope.

– Claro, querida. Café?

– Por favor.

– É sempre melhor conversar tomando café. Aprendi isso com a minha mãe. Isso lhe dá o que fazer num momento de tensão – disse Katherine, pensando em sua mãe servindo café para ambas, enxugando as mãos no seu avental florido e sentando-se com extrema solenidade. Conversar tomando café era muito importante. Isso permitia que as mulheres estabelecessem uma conexão entre si, chegando até a outra por sobre as mesas da cozinha, apoiando umas às outras. As cozinhas sempre seriam lugares mágicos para Katherine. Ela ficava preocupada com o fato de sua própria filha não ter essa afinidade, fazendo-a imaginar que havia criado alguma espécie de monstro feminino.

– O que foi, querida? – perguntou Katherine, sentindo que devia se tratar de algo que ela não podia discutir com Rachel. Ficou se perguntando por que ela não estava apaixonada por Rachel. As Rachels e Pamelas do mundo eram o castigo de Hope.

– Acho que estou me desapaixonando. Para falar a verdade, eu estou começando a me perguntar se estava realmente apaixonada por Pamela ou pela idéia de ter alguém apaixonado por mim. Desculpe...

– balbuciou Hope. – Eu não estou conseguindo estabelecer um raciocínio. O que eu quero dizer é que não quero mais ficar com Pamela – disse ela finalmente.

– Você está deixando de amar uma mulher por quem você achava que estava apaixonada. Ficou perfeitamente claro já na primeira vez.

– Eu sei que as pessoas vão achar que a culpa é de Emerson, mas não é. Ela só me fez pensar que talvez exista alguma maneira de as coisas serem melhores. Quero dizer, tanto para mim quanto para Pamela. Nós não fomos feitas uma para a outra. Talvez ela encontre alguém mais decidida, mais voltado para a própria carreira, sabe como é, alguém mais parecida com ela. Eu acho que às vezes sou mais um incômodo do que um bem na vida dela.

– E talvez você encontre alguém mais adequada para você também.

– Pois é – disse Hope, encontrando o olhar de Katherine.

– Mas você está preocupada com o que as pessoas vão pensar e com o que Pamela vai fazer quando descobrir.

– Exatamente. Vai ser muito constrangedor. E eu não sou muito boa com rompimentos.

– Como foi que você rompeu antes?

– Eu nunca vivi nada tão sério antes. Eu detesto encontros ou relacionamentos casuais – jantar e cama na sua casa ou na minha. Acho que na maioria das vezes a coisa toda se resumiu a não retornar telefonemas.

– É óbvio que isso não vai funcionar dessa vez. Pamela não parece ser do tipo que diz apenas: "Está bem, querida, foi bom conhecer você, nós tivemos bons momentos, não foi?", dar um tapinha em seus ombros e sair da sua vida, não é?

Hope ficou sentada por um momento, imaginando como seria a coisa toda. O que ela ia dizer? "Pamela, eu sinto muito, mas acho que não te amo mais." Não dá para dizer isso e ir embora. O que ela ia fazer? Esta era a primeira vez que Hope pensava realmente a respeito de tudo o que um adeus pode encerrar.

– Hope – disse Katherine, trazendo-a de volta das margens de seu novo e bem presente pesadelo. – Você ainda não transou com Emerson, não é mesmo?

– O quê? Não. Eu não estou nem certa de que estamos nos encaminhando para isso.

– Bem, talvez você devesse romper com Pamela antes. Isso poderia fazer uma certa diferença no final das contas, seria mais elegante de sua parte.

– Eu bem que gostaria. Mas o que eu devo dizer? "Ouça, Emerson, caso você esteja pensando em me seduzir, talvez fosse melhor esperarmos até eu ser uma mulher livre."

– Eu sei que isso pode parecer estranho, mas você sabe que pode tentar protelar isso quando chegar o momento – aconselhou Katherine.

– Mas até quando? Eu não posso ligar para Pamela e dizer que ainda não quero voltar. Ela vai querer saber por quê. E eu gosto de Emerson de verdade. Estou tão confusa, Katherine, eu realmente não sei o que fazer – disse Hope, seus ombros caindo com o peso de tudo aquilo.

– Nós vamos encontrar um jeito, querida – assegurou-lhe Katherine.

Agora, sentada na mesa observando Emerson importunando Rachel e lhe fazendo acenos, Hope soube. Esse era um momento que ela jamais esqueceria. O modo como o sol brilhava no cabelo de Emerson, os pequenos fios vermelhos, o modo como o seu cabelo caía sobre o seu rosto, o pequeno sorriso que ela dava quando algo desagradável acontecia. Hope memorizou tudo. Era um momento estranho, esse em que o presente era precipitado para o futuro e retornava dele com o seu conhecimento como um cachorro enviado para buscar um graveto. Daqui a vários anos, ela olharia para trás e se lembraria desse momento, do dia, do minuto, do segundo em que havia se apaixonado por Emerson e as duas rolariam na cama juntas lembrando-se dele. Subitamente Hope se perguntou quando chegaria o momento de Emerson.

Emerson tocou a mão de Hope:

– O que você está pensando?

Hope voltou bruscamente para o presente.

– Em algo que eu terei que lhe contar mais tarde, bem mais tarde – ela respondeu sorrindo.

Emerson ergueu a sobrancelha, confusa.

– Ok.

Rachel olhou para as duas e ficou sem saber se ria ou chorava com a história toda, o que não passou despercebido para Lily. Mais tarde, quando ficaram sozinhas, ela indagou Rachel a respeito do assunto.

– Deixe-me adivinhar. Você tem alguma coisa com uma das duas. Eu ainda não consegui descobrir com qual das duas, mas alguma coisa há. Confesse. Você se sentirá melhor.

Numa conversa regada a sanduíches de queijo suíço, abacate e couve de Bruxelas, Rachel confessou.

– É uma questão de amor, mas quem ama quem e quem fica com quem? Eu, pessoalmente acho que você deveria deixar essas duas e ficar comigo. Eu sou solteira, divertida e prometo não partir o seu coração – disse Lily inclinando a cabeça, curvando os lábios e fazendo o melhor que podia para parecer apetitosa.

– Não me tente – disse Rachel sorrindo. Se ela pudesse explicar o que significava perder as suas duas melhores amigas, uma para a outra, ela o faria.

Quando elas se prepararam para ir embora, Lily segurou seu braço:

– Eu sou uma mulher paciente, Rachel, e estou disposta a esperar. Eu falei sério agora há pouco.

– Eu sei – disse Rachel, olhando no fundo dos olhos de Lily e vendo a verdade neles. – Vou me esforçar, está bem?

– Eu vou persistir nisso – disse Lily. – E devo avisar, sou famosa pela minha persistência.

Naquela noite, Rachel foi dormir pensando em outras coisas que não Hope e Emerson. Não acordou mal-humorada como havia se tornado comum nos últimos dias, o que não passou despercebido para sua mãe.

9

— Eu acho que não entendi muito bem a coisa toda — disse Hope, enquanto Emerson jogava mais um punhado de sementes de girassol na palma de sua mão.

— Se quiser mesmo ser uma boa patinadora, terá de se alimentar de maneira apropriada. Agora concentre-se. Pense na sua língua e no que ela está fazendo — explicou Emerson.

— Quer dizer que se eu comer todas essas coisas "energéticas" estarei pronta para saltar? — perguntou Hope.

— Sim — respondeu Emerson, dando um tapa na cabeça de Hope. — O salto em esquis.

Hope assustou-se e engasgou imediatamente, com a boca cheia de sementes. Passou de rosa para azul em questão de segundos.

Emerson foi para trás dela e começou a apertá-la, prestando os primeiros socorros para quem se engasga.

— Eu estou bem. Por favor, não me aperte assim, você está machucando as minhas costelas — disse Hope.

— Desculpe. Desculpe. Eu não queria machucá-la — disse Emerson, segurando-a mais gentilmente. Ela estava para soltá-la quando Hope segurou a sua mão.

— Não, fique assim por mais um momento.

Emerson debruçou sobre as costas de Hope.

— Eu adoro o seu cheiro.

— Cheiro de quê?

— De você. Estou tomando liberdades, sabia?

— Eu sei, e gosto delas.

— Tem certeza?

— Sim, tenho. Agora, quando é que eu vou saltar? — perguntou Hope, virando-se para encará-la.

– Bem, já que você sobreviveu à parte das sementes, creio que esta é uma hora tão boa quanto qualquer outra – disse Emerson, ajudando-a a levantar.

Elas partiram rumo ao Palácio da Justiça. Os habitantes da cidade não estavam nem um pouco felizes de contar com duas patinadoras, uma tão imprudente quanto a outra. Rachel, sua mãe e Berlim estavam sentadas do lado de fora da casa quando ambas passaram raspando por elas, na velocidade da luz.

– Hope está patinando muito melhor, você não acha? – perguntou Berlim.

– Oh, meu Deus, isso realmente já foi longe demais. Agora temos duas delas! – disse Rachel.

– Essa história, esse tititi entre vocês, é só uma coisa temporária ou vai ser preciso chamar um exorcista? Eu não quero uma filha chata desse jeito – disse Berlim.

– Mas eu não sou sua filha de verdade – disse Rachel, de maneira direta.

– É sim, minha querida – disse Berlim.

– Mas não filha natural.

– Natural, querida, nove meses na barriga e tudo o mais e creia-me, não foi nada divertido. Mas eu a amo mesmo assim. Já a desculpei pelas coisas horríveis que você fazia comigo quando era um embrião. O tempo cura tudo – replicou Berlim, fazendo o seu melhor olhar profético.

– Eu achava que tinha sido adotada – disse Rachel, olhando para Katherine.

– Por que você pensou uma coisa dessas? – disse Berlim, parecendo perturbada.

– Porque minhas duas progenitoras são lésbicas – disse Rachel.

– E o que isso tem a ver? – disse Berlim.

– Você não acha que nós já teríamos lhe contado se esse fosse o caso? – perguntou Katherine.

– Bem, eu achei que era. Tenho duas mulheres como progenitores. Não precisei ir muito além. É uma dessas coisas que não se diz.

– Berlim, achei que você tinha contado a ela – disse Katherine.

– E eu achei que você havia contado – replicou Berlim.

– Merda, teria sido bom se alguém tivesse me contado.

– Você foi o meu presente de Natal – disse Katherine, apertando a mão de Berlim.

– Então, como foi que vocês fizeram a coisa toda? – perguntou Rachel.

– Da maneira usual – disse Berlim.

– Quem foi ele?

– Um homem muito legal. Infelizmente está morto. Era um tipo imprudente, morreu num acidente de carro. Seu nome era Clifford. Era um amigo nosso na Inglaterra. É por isso que eu fico tão apavorada com esse seu jeito sério. Com genes tão exuberantes quanto os seus, não era para você ser tão conservadora. Agora dê uma olhada em Hope. Aquilo sim, é ter brio – disse Berlim, enquanto Hope seguia Emerson, afastando-se da parede do Palácio da Justiça, fazendo um 360° perfeito e pousando belamente.

– Oh, meu Deus! – disse Rachel levantando-se. – Eu vou matar as duas.

– Eu não acho isso justo, considerando o fato de que elas acabaram de sobreviver a uma impressionante manobra de patinação. Além do mais, olhe só para elas. Elas não ficam lindas juntas? – perguntou Berlim. – Faz meu coração ficar acelerado – disse ela, limpando uma lágrima com a ponta da camiseta.

Rachel ficou olhando para as duas. Emerson havia erguido Hope no ar e girado com ela. As duas estavam em êxtase com o sucesso, batendo os capacetes como dois rapazes de turma.

– Todas nós vamos ter que enxugar nossas lágrimas quando Pamela descobrir o que está acontecendo – disse Rachel, seguindo em direção à feira.

– Isso foi demais! – disse Emerson, baixando Hope.

Afogueada de excitação, Hope disse:

– Sério?

– Sério – replicou Emerson, cheia de admiração. – Sabe, eu nunca tive uma parceira de patinação antes. Até que é legal.

– "Até que é legal?" – disse Hope beliscando-a.

– Ai, isso doeu! – disse Emerson esfregando o braço.

– Você mereceu – disse Hope, sorrindo e partindo sobre os patins.

Emerson levantou-se rapidamente e derrubou-a.

Foi assim que Rachel as encontrou, rolando pela grama, às gargalhadas.

Seu olhar era o de uma mãe recriminadora, até que Emerson agarrou seus tornozelos e a puxou para baixo também. Ambas lhe fizeram cócegas até que também ela estivesse rindo.

– Isso vai lhe ensinar a não ser tão presa – disse Emerson.

Quando elas se recompuseram, Rachel disse:

– Lily quer que passemos no salão para uns drinques.

– Será que temos dois namoros em andamento? – disse Emerson astutamente.

– Não sei. Temos? – replicou Rachel.

– Não podemos. Ela é casada – respondeu Emerson.

– Sou? – disse Hope.

– Você é? – perguntou Emerson.

– Tenho que ser?

– Não, se você não quiser – disse Emerson.

– Bem, então eu não sou – replicou Hope.

– Alguém devia dizer isso à sua mulher – disse Rachel.

– Será que é preciso? Talvez ela acabe descobrindo por si só – disse Hope.

– Ela não vai. Você vai ter que fazer o serviço sujo – disse Rachel.

– Um dia, mas não hoje. Por hoje vamos nos divertir. Ao salão? – disse Hope.

– Sim – disse Rachel.

Lily e Rachel ficaram diante da vitrola automática, colocando uma infinidade de moedas nela.

– É assustador. Nós temos o mesmo gosto para música – disse Rachel, quando ambas escolheram a mesma música pela terceira vez seguida.

– O que é tão assustador? – perguntou Lily, inclinando a cabeça.

– Eu não sei... Nós duas termos tanta coisa em comum. Eu jamais teria imaginado.

– Deixe-me adivinhar. Essa é uma sensação nova para você – disse Lily, enfiando mais uma moeda na ranhura.

– Bem, é sim – admitiu Rachel.

– Não me diga que você é uma dessas almas desesperançadas que sempre escolhe as mulheres erradas – disse Lily, antecipando a resposta de Rachel.

Rachel desviou o olhar.

– Por quê? Por que você faz isso a si mesma? Por que colocar a sua energia em algo que você já sabe que não vai dar certo?

– Você está me analisando novamente – reagiu Rachel.

– Alguém precisa fazê-lo – disse Lily.

Rachel foi tomada de surpresa:

– Você sempre entra assim de sola?

– Só com pessoas de quem eu gosto. Agora me diga, por que você acha que faz isso?

Houve uma agitação no bar. Hope havia dado o troco a Emerson por tê-la derrubado na grama.

– Por que você fez isso? – disse Emerson esfregando a sua testa.

– Não sei, me deu vontade – disse Hope sorrindo.

– Bem, eu ainda sou maior do que você – disse Emerson, puxando Hope de seu banco e rodopiando-a pelo bar.

– Emerson, ponha-me no chão – pediu Hope.

– Peça desculpas – disse Emerson, girando-a mais uma vez.

– Está bem, está bem, eu sinto muito.

– Assim é melhor – disse Emerson colocando-a no chão.

A música começou a tocar.

– Dance comigo – disse Emerson, repentinamente, puxando Hope em direção à minúscula pista de dança. Emerson tomou-a gentilmente em seus braços, e juntos seus corpos começaram a oscilar.

Rachel e Lily ficaram olhando.

Rachel encontrou o olhar inquisidor de Lily.

– Acho que me apaixono pelas pessoas erradas porque quero que as coisas dêem errado. Eu tenho medo de me apaixonar porque não quero ser magoada novamente – disse Rachel num arroubo, sentindo o seu rosto corar. – Pronto. Falei.

– Não se sente melhor? – perguntou Lily.

– Não, eu estou embaraçada de ter dito a alguém que eu mal

conheço algo que não sou capaz de confessar nem mesmo à minha melhor amiga.

— Isso é porque você está apaixonada pela sua melhor amiga. Não se preocupe. Eu tenho planos de me tornar mais do que uma estranha. Deixe que eu lhe pague uma bebida e eu lhe confessarei alguns segredos sórdidos. Assim ficaremos quites.

— Ok — disse Rachel pensando: "E quando você for embora da minha vida vai doer igual a todas as outras vezes. É uma questão de amor e a resposta é sempre não".

Emerson e Hope continuaram dançando, amantes à beira de se tornarem amantes, começando a conhecer o corpo uma da outra. Mais tarde elas se sentaram no parque, enroladas num cobertor, Emerson sentada atrás de Hope, mantendo-a aquecida, olhando as estrelas.

— Emerson?

— Sim? — murmurou ela, seu rosto aninhado no cabelo de Hope.

— Esse tem sido o melhor verão da minha vida. Obrigada.

— Quer saber de um segredo?

— Qual?

— Eu nunca achei que pudesse me sentir assim.

— Assim como?

— Eu não posso lhe dizer agora. Terei que lhe contar mais tarde, bem mais tarde.

Hope virou-se para olhar para ela e sorriu. Ela apertou a sua mão.

— É melhor eu levá-la para casa. Já está quase amanhecendo — disse Emerson.

— Temos mesmo que ir?

— Não podemos passar a noite inteira aqui — disse Emerson.

— Não mesmo? — disse Hope, puxando-a para baixo.

Emerson enroscou os braços ao redor de Hope, seus rostos tocando um no outro.

— Acho que podemos sim.

— Hummm — disse Hope fechando os olhos e puxando Emerson para mais perto.

Rachel desceu as escadas e encontrou sua mãe e Berlim folheando o jornal. A casa estava recebendo o *New York Times*, uma cortesia de Hope.

– Nós temos que ir. Não viajamos há séculos – disse Berlim.

– Para onde? – perguntou Rachel.

– Para a Europa, querida – disse Katherine. – Veja como as passagens aéreas estão baratas.

– Eu não tinha idéia disso – disse Berlim.

– Não vá gastar toda a minha fortuna – disse Rachel.

– Eu jamais faria isso, minha querida – disse Berlim, beijando a sua testa.

– Onde está Hope? – perguntou Rachel, subitamente percebendo que ela não estava em nenhum lugar à vista.

Katherine e Berlim voltaram-se uma para a outra com um olhar culpado.

Rachel percebeu imediatamente o que havia acontecido:

– Ela não voltou para casa.

– Não temos certeza. Talvez ela tenha levantado cedo. Tenho certeza de que ela vai aparecer mais cedo ou mais tarde – disse Katherine, tentando dissipar a tensão.

– É, eu tenho certeza que vai. Estou indo para o café, vou me encontrar com Lily – disse Rachel.

Berlim e Katherine fizeram caretas uma para a outra, achando aquilo bem diferente.

– Lily? – disse Berlim.

– Talvez tenhamos um casamento duplo no final do verão – disse Katherine.

Rachel e Lily comeram e Lily seguiu para mais um dia de montagem de barracas para a próxima feira, agendada para dali a duas semanas. Era a feira de gays e lésbicas, aquela pela qual todos na cidade estavam esperando. Seria uma festa ininterrupta durante todo o fim de semana, uma vez que a feira coincidia com o festival de orgulho da cidade. A cidade ia ficar abarrotada de turistas. Os negócios iam prosperar.

Berlim estava às voltas com a sua numerologia, à procura de números para jogar na loteria. Aquela era uma forma de jogo, a única, em que Berlim não era completamente bem-sucedida. Ela estava olhando pela vidraça quando percebeu uma massa disforme envolta em um cobertor no meio do parque, um emaranhado de cabelos loiros lisos e castanhos encaracolados.

– Rachel, acho que encontrei as nossas delinqüentes – disse Berlim, apontando na direção do parque.

Rachel, Katherine e Berlim posicionaram-se em frente à janela. Não havia dúvida, eram Hope e Emerson.

– Leve um café da manhã para elas, Rachel, por favor. Elas vão gostar de um piquenique logo pela manhã. Vamos lá, mexa-se. Não queremos que elas sejam acusadas de vadiagem, não é mesmo? – disse Berlim cutucando Rachel.

Hope sentiu o cheiro de café. Achou que estava tendo alucinações até abrir os olhos e encontrar Rachel trazendo o café da manhã nas mãos.

– Estou faminta – disse Hope sentando-se.

Emerson seguiu-a, abrindo um largo sorriso para Rachel.

– Eu também. Que legal, Rachel.

– Na verdade, a idéia foi de Berlim – admitiu Rachel.

Elas estenderam o cobertor e se sentaram para tomar café.

– Você já tinha passado uma noite no parque antes? – perguntou Rachel a Hope.

– Não posso dizer que sim.

– Emerson, é claro, já passou. Ela costumava dormir sempre no parque até que Lutz ameaçou mover uma ação contra ela, caso não deixasse esse hábito de lado – disse Rachel.

– E todas nós sabemos o quanto eu sou claustrofóbica – respondeu Emerson, franzindo ainda mais as suas sobrancelhas espessas.

– O que foi que aconteceu, afinal? – perguntou Rachel finalmente.

– Nada – respondeu Hope. – Bem, aconteceu algo, mas não o que você está pensando, pelo menos por enquanto, não no parque.

– Meu limite definitivamente são os parques – disse Emerson pensando que elas não haviam feito amor, mas ela tivera a mulher que amava em seus braços durante toda a noite. Ouvira-a agitar-se, observara-a enquanto dormia, segurara-a contra seu próprio corpo de maneira a poderem sentir o hálito uma da outra.

Emerson não conseguia se lembrar de ter se sentido tão feliz. E pela primeira vez ela não estava com medo de ser magoada. Seu único obstáculo para a felicidade estava nas mãos de uma outra mulher. Uma mulher que ela não conhecia, mas a quem tinha o bom senso de temer.

10

– Achei um jeito de fazer você posar para mim – disse Emerson.

– Duvido que você consiga me convencer – respondeu Hope, olhando pela vidraça para a turma das barracas lá embaixo. Parecia que toda a cidade estava sendo arrumada. Ela podia ver Lily organizando todo o evento, atraente e inteligente. Rachel poderia ser extremamente feliz se ao menos se permitisse tentar.

Hope nunca havia descoberto o motivo da aversão de Rachel a relacionamentos. "Será que tudo aquilo derivava da história com Emerson? Meu Deus, elas tinham dezesseis anos na época, aquilo era um namorico de adolescente. Não se pode deixar que uma coisa dessas marque toda a sua vida. Do que será que Rachel tinha medo?", perguntava-se Hope.

– Emerson, por que você acha que Rachel ainda não encontrou uma companheira?

– Porque ela é exigente, reprimida e autocentrada – disse Emerson.

– Mas nós não somos todos assim, quer admitamos ou não? Lily parece louca por ela e Rachel não quer saber de envolvimento. E olha que ela é bem atraente. O que há de errado com um romancezinho de verão?

– Rachel é bem atraente... Certo.

– Você sabe disso melhor do que eu, sua sedutorazinha – provocou Hope.

– Nós somos mais do que um romance de verão? – perguntou Emerson, desviando o olhar de seu trabalho.

Hope ficou em silêncio por um momento e então atravessou o recinto. Segurou o rosto de Emerson contra o seu estômago.

– Sim.

– Estou assustada – disse Emerson, passando os braços ao redor da cintura de Hope.

– Eu também – disse Hope.

– É por isso que estamos demorando tanto para agir? – perguntou Emerson.

Hope se inclinou para encontrar o olhar de Emerson.

– Vai acontecer quando for a hora – e então a beijou. Talvez aquela tivesse sido a hora se Rachel não tivesse subido as escadas. Ela viu os seus rostos afogueados e soube que estava interrompendo alguma coisa.

– Eu só passei para saber se vocês queriam vir almoçar conosco. Berlim está planejando fazer uma musse de salmão.

– Para falar a verdade – disse Emerson, enquanto seguia para a geladeira e pegava uma cesta de piquenique –, eu ia fazer um piquenique com a minha amiguinha se ela aceitasse o meu convite. Mas acho que poderíamos ir um outro dia.

– Não, podem ir. Berlim vai guardar um pouco da musse para vocês. Jantar, então? – disse Rachel.

– Sim – disse Emerson.

– Divirtam-se – disse Rachel, caminhando para a porta.

– Rachel, por que não vem conosco? – perguntou Emerson.

– Não, vão vocês. Está tudo bem, Emerson, sério. Nós já somos adultas agora e já fomos suficientemente punidas.

– Você sabe que ela tem razão – disse Hope.

– Eu sei – disse Emerson, pegando a mão de Hope.

– Para onde é que nós vamos e como chegaremos lá?

– No meu carro – respondeu Emerson.

– Eu não sabia que você tinha um carro – disse Hope.

– Estou certa de que existem várias coisas a meu respeito que você ainda não sabe – disse Emerson timidamente.

– Há alguma coisa crucial que você deveria me contar?

– A demência assola a minha família – provocou Emerson.

– Bem, então é melhor não termos filhos – disse Hope.

Emerson parou e pôs a cesta de piquenique no chão.

Hope olhou-a confusa.

– Abrace-me – disse Emerson.

Hope tomou-a nos braços.

– O que houve?

– Isso é bom demais. Você é boa demais – respondeu Emerson.

Hope acariciou a sua bochecha e beijou os seus olhos.

– Eu não vou magoá-la.

– Eu sei – disse Emerson. – Agora beije-me novamente.

Foi o que ela fez.

Emerson abriu a porta da garagem do primeiro andar, revelando um MG.

– É bonito – disse Hope.

– Deveria ser cor de cereja, está vendo? – disse Emerson, lambendo o dedo e passando-o pelo capô desbotado.

– É como o elevador? – perguntou Hope.

– Sim, meu pai deu-o para mim de presente de formatura. Acho que depois que ele morreu e Angel partiu, eu simplesmente parei de me importar com as coisas materiais.

– Talvez você queira consertá-las um dia – disse Hope.

– Talvez eu pudesse ser convencida a fazê-lo – disse Emerson, jogando a cesta de piquenique no banco de trás.

– Para onde é que nós vamos? – perguntou Hope enquanto se acomodava.

– Primeiro teremos que dar um pulinho num determinado lugar. Tudo bem?

– Claro.

O tal "pulinho" era bem mais que isso, pensou Hope quando chegaram ao topo da montanha de onde se avistava o convento.

– Angel? – perguntou Hope.

– Sim – respondeu Emerson.

– Veio se despedir?

– Sim.

Hope tomou a sua mão.

– Você está bem? – ela perguntou.

– Agora estou. Obrigada por ter vindo comigo. Eu não conseguiria sozinha.

– Já tinha tentado antes?

– Sim, mas nunca havia tido uma razão suficientemente forte para abrir mão dessa obsessão – disse Emerson enquanto elas seguiam de volta para o carro.

– É engraçado, nós sempre sofremos mais por quem partiu do que por quem deixamos. Fico me perguntando por quê – disse Hope.

– Porque não foi escolha nossa.

– E porque somos vulneráveis – completou Hope.

– É o que eu acho – disse Emerson.

– Bem, o que temos para o piquenique?

– Você vai ver.

– Isto está realmente bom – disse Hope, dando uma mordida no seu sanduíche de carne e pepino. – Quem preparou a comida?

– Eu – disse Emerson.

– Não achei que você fizesse coisas como cozinhar.

– E por que você pensou uma coisa dessas?

– Porque você nunca tem nada além de refrigerante na geladeira.

– É essa história de morar sozinha. Comer sem companhia é deprimente.

– É, também não posso dizer que esse seja o meu programa favorito – disse Hope, pensando nas vezes em que havia se sentado sozinha na mesa, esperando por Pamela, sem comer porque aquilo a deprimia. Ninguém deveria ficar tanto tempo sozinho quando está apaixonado. Era isso que ela ia dizer a Pamela quando chegasse a hora? Ela ainda não havia decidido.

– Emerson, há uma coisa que eu preciso lhe dizer.

– O quê? Outro segredo sombrio?

– Não, só uma característica. Eu sou uma terrível procrastinadora.

Emerson riu.

– Que coisa terrível. Não sei se conseguirei conviver com isso.

– Estou falando sério.

– Eu sei que é sério. E você acha que eu sou o quê? Vamos procrastinar juntas. Os procrastinadores deveriam andar sempre juntos, mas por alguma estranha razão eles acabam sempre se envolvendo com gênios da organização. Isso dificulta a vida.

– Eu sei, mas não quero que você tenha surpresas desagradáveis. Você agora está sob o encanto da loucura erótica. Os amantes são sempre perfeitos nesse momento.

– É só depois que você descobre o abacaxi com quem se casou.

– Sim, e aí todo mundo fica desapontado e confuso.

– Foi isso o que aconteceu com Pamela? – perguntou Emerson, enquanto pegava seu bloco de rascunho.

– Eu fui o desapontamento.

– Você não supre as expectativas dela?

– Acho que ela queria uma empreendedora acadêmica, e em vez disso teve a mim.

– E você, o que é? – perguntou Emerson, traçando a linha do pescoço de Hope. Era um belo pescoço.

– Uma namorada procrastinadora que fica bem num traje a rigor e alivia as urgências sexuais de maneira satisfatória.

– O quê?

– É assim que Pamela me descreve.

O rosto de Emerson ficou vermelho de raiva.

– Eu me importo com você. Eu quero estar com você e prometo que você será bem mais do que isso para mim. Eu sei que está assustada e que não vai ser nada divertido contar a ela, mas não pode me abandonar agora. Eu serei obrigada a raptá-la se você o fizer.

– Eu não vou abandoná-la. Só não quero desapontá-la.

Emerson a tomou nos braços:

– Você me inspira. É claro que se você me deixasse esculpi-la...

– Emerson, eu não sei.

– Eu tenho uma idéia. Está vendo o lago? Vamos nadar.

– Agora?

– Sim.

– Eu não estou de maiô.

– Exatamente – disse Emerson, puxando-a em direção ao lago.

– Eu não sei. Eu nunca fiz isso antes.

– Você nunca nadou nua antes?

– Bem, não.

– Então está mais do que na hora – disse Emerson, tirando rapidamente as próprias roupas.

– Ninguém vai nos ver aqui?

– Não, ninguém vem aqui.

Emerson ficou ali, nua. Hope engoliu em seco. Sentiu desejo. E isso era novo para ela. Ela não se lembrava de ter sentido nada parecido antes. Estranho, tratando-se de uma mulher de vinte e seis anos. Ela chegou a achar que era incapaz de senti-lo. Era bom descobrir que estava enganada.

Hope correu o dedo pela clavícula de Emerson.

– Você é uma graça.

– Eu não devo ser uma gracinha. Você deve olhar para mim para que eu possa olhar para você e então possa esculpi-la – disse Emerson agarrando a camiseta de Hope. – Fora com isso, vamos.

Hope aquiesceu.

– Às vezes eu não consigo acreditar nas coisas que você me obriga a fazer – ela disse, removendo as últimas peças de roupa.

– Exatamente o que eu esperava – disse Emerson, espiando o corpo de Hope, avaliando as suas qualidades artísticas.

Emerson sorriu e conduziu-a para a água.

– Tenho certeza de que com o tempo eu descobrirei seus outros atributos.

As duas imergiram na água.

– Não posso acreditar que você nunca nadou nua antes. Não é legal?

– Você não foi criada numa família rígida de Boston. E sim, é legal, muito legal. Mas eu poderia pensar em algo que deixaria a coisa toda bem mais interessante – disse Hope, indo ao encontro de Emerson.

Emerson arregalou os olhos.

– O que houve? – perguntou Hope

– Psiu! Os pingüins – disse Emerson, puxando-a para uma margem do lago.

– Os o quê?

– As freiras – sussurrou Emerson.

– Achei que você tinha dito que não vinha ninguém aqui.

– E não vem mesmo. Esse terreno é do convento.

– Merda, Emerson você deveria ter me contado!

– Isso não é hora para discutir. Talvez elas não tenham nos visto – disse Emerson.

– Não creio que o seu desejo vá se tornar realidade – disse Hope, ao ver a chefe do bando de freiras vindo em sua direção.

– O que é que vocês estão fazendo aqui, mocinhas? – perguntou a freira.

– Nadando – respondeu Emerson.

– Bem, saiam já daí. Isso aqui é território sagrado e não o parque estadual.

– Eu tenho uma idéia melhor. Vocês vão embora e nós saímos – sugeriu Emerson.

– Eu quero dizer agora – replicou a freira.

– Se a senhora insiste – disse Emerson.

– Emerson, não – implorou Hope.

– Tenho que fazer o que a boa irmã está pedindo – respondeu Emerson, sussurrando depois para Hope: – Elas vão querer nos prender, portanto, quando sairmos, pegue a sua roupa e saia correndo.

– Eu não vou correr nua na frente de um bando de freiras.

– Você quer ir para a prisão?

– Não.

– Então corra.

As duas pareciam duas Atenas gêmeas emergindo do lago. Algumas das freiras gritaram, outras ficaram olhando. A freira chefe ficou com a cara vermelha e começou a urrar qualquer coisa, mas Hope e Emerson já tinham ido embora. Elas só pararam de correr depois de descer toda a montanha. Emerson se jogou no chão, rindo. Hope estava tentando descobrir quais eram as suas roupas.

– Não posso acreditar que isso esteja acontecendo – disse Hope.

– Aposto que você nunca fez isso também – disse Emerson.

– Por que será que eu tenho a estranha sensação de que, se eu continuar andando com você, coisas como essa acontecerão com freqüência?

– Nunca um momento de tédio. Você vai rir disso tudo quando ficar velha – disse Emerson.

– Não sei, não. Nua na frente de um bando de freiras. Não posso acreditar.

– Elas provavelmente ganharam o dia conosco. No fundo, todas elas são um pouco lésbicas.

– Emerson, isso não é legal.

– Elas nunca foram legais comigo. Eu é que fui expulsa, lembra? Não vi nenhum amor fraternal naquela época. Você não está zangada comigo, está? – perguntou Emerson, subitamente preocupada com a possibilidade de Hope não perdoá-la.

Hope sorriu.

– Não, eu não estou zangada. Mas da próxima vez, por favor, avise-me que vamos nadar nuas em terreno sagrado. Angel não estava no bando de freiras, estava?

– Não. É uma pena. Eu podia tê-las apresentado.

– Claro.

– Você não tem aspirações religiosas, tem?

– Não, que bobagem.

Quando elas voltaram para o carro, Emerson disse:

– O que você quer fazer agora?

– Vamos às compras – disse Hope.

– Comprar o quê?

– Roupas para você.

– Para quê?

– Eu prometi a Rachel que a carregaria para as compras se conseguisse trazê-la para perto de Grover's Corner.

– Por quê? Eu tenho roupas.

– Não, você só tem as mesmas três camisetas de sempre.

– Eu tenho mais que três.

– É maneira de falar. Vamos, isso lhe fará bem. Para me agradar – disse Hope, puxando-a para perto e beijando-a ardentemente. – Você não tem a sensação de que toda vez que estamos prestes a fazer amor alguém nos interrompe?

– Talvez Pamela seja uma esposa onipresente – disse Emerson, beijando o pescoço de Hope.

– Isso a incomoda?

– Não, se não incomoda você – respondeu Emerson, tomando a bunda de Hope nas duas mãos e puxando-a para perto:

– Eu já lhe disse que você tem uma bunda linda?

Hope sorriu.

– Não, acho que não. Às compras, então?

– Certo.

Emerson ficou parada nas lojas enquanto Hope escolhia roupas. Hope gostou de vê-la experimentar as roupas novas.

– Você é uma mulher muito atraente – disse Hope deliciada.

Emerson sorriu e voltou à cabine para experimentar outra roupa. Hope se estatelou no antigo sofá que o shopping eclético oferecia para os seus fregueses e esperou. Pensou a respeito da sensação de amar e ser amada. De desejar e ser desejada. Cada vez que Emerson emergia da cabine em busca de sua aprovação, Hope ficava excitada.

De repente, ela compreendeu a sensação que as outras mulheres descreviam ao ver a pessoa amada chegar. Ela havia se questionado freqüentemente a respeito dessa sensação por nunca tê-la experimentado. Bem que ela havia tentado, mas acabara compreendendo que aquela não era uma sensação que se podia invocar com a força de vontade. Hope havia concluído que era incapaz de um amor romântico com todos os seus adornos. Será que essa era mais uma das coisas que ela ia dizer a Pamela? Ela deixou esse pensamento de lado como um brinquedo quebrado quando Emerson entrou no recinto.

Quando acabaram, as duas encheram a mala do MG com sacolas de compras e foram jantar fora. No caminho para casa, Emerson enrolou Hope num cobertor. Hope aninhou-se a ela, fechou os olhos e adormeceu, parecendo uma criança que havia tido um grande dia.

Emerson olhou para ela, tirou seu cabelo dos olhos e sentiu amor.

Berlim uivou quando elas lhe contaram a história. Hope estava comendo um sanduíche de musse de salmão, um lanchinho da meia-noite.

– Não posso acreditar que você ainda está com fome depois do jantar que tivemos – disse Emerson, enquanto Hope enfiava a cabeça na geladeira à procura de algo para comer.

Berlim era a única pessoa que ainda estava acordada quando elas chegaram em casa. Ela havia estado fora jogando pôquer e estava fazendo a sua contabilidade quando elas entraram.

– Não posso evitar. Ainda estou com fome – respondeu Hope.

– Será esse um sinal de apetite voraz? – perguntou Emerson, lembrando do que Hope havia dito sobre estar apaixonada e sentir fome.

– Parece que sim – disse Hope.

– Tome mais uma ajudazinha – disse Emerson, estendendo-lhe a musse de salmão.

Berlim ficou espiando num cantinho enquanto elas se despediam. Katherine a repreenderia por isso pela manhã, mas ela tinha que saber.

– Amanhã? – perguntou Emerson, segurando Hope em seus braços.

– Amanhã o quê? – provocou Hope.

– Você sabe. Você vai posar para mim. Por favor.

– Está bem. Eu levarei o café da manhã.

– Você vai nos fazer engordar – disse Emerson.

Berlim as observou enquanto se beijavam e então subiu as escadas como a orgulhosa vencedora de uma aposta e detentora de muita sabedoria.

11

Emerson ouviu os tênis macios de Hope subindo as escadas. Podia sentir o seu coração acelerado. Ela havia passado a maior parte da noite pensando em Hope, permitindo-se sonhar como a vida poderia ser, algo que ela não fazia há tanto tempo que ficou maravilhada com a sua habilidade de ainda fazê-lo. Ela podia sonhar de novo. Emerson ficou acordada, imaginando como seria tocar Hope, provar o seu sabor, sentir a sua pele macia contra a sua própria. Ela mal podia respirar de tanta expectativa.

Mas ela queria mais do que simplesmente fazer amor. Emerson queria que Hope fosse sua mulher. Não como Angel, uma mulher caótica, egoísta, frustrada, mas uma amante com quem compartilhar todas as coisas, uma amante com quem envelhecer e compartilhar as rugas. Emerson franziu as sobrancelhas e fez uma pequena e silenciosa prece. Depois de anos de espera, ela havia encontrado o seu verdadeiro amor.

Quando os olhos azuis brilhantes e o cabelo loiro desalinhado de Hope surgiram, Emerson tomou isso como uma intervenção divina.

– Oi – disse Hope, subitamente envergonhada por também ter passado muito tempo pensando em Emerson.

– Bom dia. Como você está?

– Estou bem, muito bem. Pensando em você constantemente. Venha cá – disse Hope puxando-a para perto.

– Eu já preparei tudo – disse Emerson.

– Para quê?

– Para você posar para mim. Você prometeu – disse Emerson, agarrando a camiseta de Hope.

– Oh, meu Deus, isso de novo não. Eu nunca passei tanto tempo nua sem o benefício de ser seduzida em toda a minha vida – disse Hope, tirando a sua camiseta.

– Nós vamos chegar lá – disse Emerson, trazendo um sofá coberto por um lençol. – Isso, assim, um braço aqui, a perna aqui. Perfeito.

Emerson começou a rabiscar. Hope olhou para ela por algum tempo e depois fechou os olhos, ouvindo os sons da cidade despertando lá embaixo. O devaneio de fazer amor com Emerson percorreu mais uma vez a sua mente. Ela podia ouvir o zumbido preguiçoso do ventilador de teto e o carvão de Emerson arranhando o papel. O som parou. Hope abriu os olhos e encontrou Emerson ajoelhada ao seu lado, olhando-a intensamente nos olhos.

– Hope, eu amo você.

Hope a beijou. Emerson beijou o seu pescoço, seus seios, seu estômago e depois lentamente afastou suas pernas. Por meio segundo Hope sentiu-se perdida novamente num devaneio, até começar a sentir aquilo que só a realidade pode provocar.

Emerson inseriu seus dedos fortes e ágeis dentro de Hope, que fechou os olhos e agarrou o travesseiro atrás dela. Ambas esperaram pelo tremor que estava por vir. Hope se deixou levar com o abandono de quem vinha esperando por isso há semanas, pela necessidade de se sentir viva e preenchida de desejo. Elas mal tiraram as roupas de Emerson antes que Hope a puxasse para cima e a fizesse gritar com o prazer supremo de estar novamente apaixonada e de ser novamente tocada.

Hope deitou-se sobre o peito de Emerson.

– Aposto que você faz isso com todas as suas modelos.

Emerson beijou sua testa.

– Não, só com você. Eu estava falando sério. Eu amo você.

Hope ergueu-se sobre um cotovelo.

– Eu sei que sim. Não duvidei disso nem por um minuto. E quer saber de um segredo? – perguntou Hope, montando em cima de Emerson e guiando a sua mão para a parte inferior de seu próprio corpo. Ao senti-la dentro de si, Hope arqueou o pescoço como um felino satisfeito.

– Que segredo? – incitou Emerson.

Hope abriu os olhos.

– Eu também a amo. Mais do que jamais acreditei que fosse capaz.

E então elas se perderam no mundo dos novos amantes, descobrindo a beleza dos corpos uma da outra até o cair da noite, quando adormeceram.

Foi assim que Rachel as encontrou, enroscadas e adormecidas, uma nos braços da outra. Ela ficou parada por um momento, observando-as, sentindo uma mescla confusa de tristeza e felicidade. Depois, desceu as escadas na ponta dos pés.

Ao chegar em casa, Rachel colocou uma nota de vinte dólares novinha em folha em frente a Berlim e saiu sem dizer uma palavra.

– Adivinhe o que aconteceu? – disse Berlim, brincando com a nota entre os dedos.

Katherine sorriu:

– Nós estávamos certas.

– Droga, se pelo menos tivéssemos o mesmo talento para prever os números da loteria! – disse Berlim.

– O que você faria com todo esse dinheiro?

– Compraria a cidade.

– Berlim, talvez ninguém mais saiba disso, mas eu sei quem é o proprietário da maior parte das terras desta cidade. Você não me engana com esta *Dyke Astronomy Inc.* Você pode ter convencido todo mundo, dizendo que se trata de uma empresa californiana, mas a mim você não engana.

– Psiu!, alguém pode ouvi-la.

– O que você vai fazer com isso?

– É a nossa aposentadoria. Terra é um ótimo investimento.

– Meu Deus, você é um gênio das finanças. O que você realmente faria com o dinheiro da loteria?

– Eu compraria uma nova postura para Rachel.

Katherine acariciou os ombros de Berlim.

– Ela vê todos à sua volta apaixonados e ela não. E Lily? Inteligente, atraente, uns peitinhos lindos de morrer e a bunda mais gostosa de toda a cidade e ainda por cima a fim de Rachel, mas ela está tão ocupada sendo uma babaca completa que não enxerga um palmo diante do nariz. Lily vai ter que tomá-la praticamente à força para conseguir alguma coisa.

– O que tiver que ser, será. Agora, venha para a cama.

– Você também tem uma bunda bem bonitinha – disse Berlim, apertando-a.

– Talvez você pudesse me tomar à força... – disse Katherine, correndo escada acima, com Berlim no seu encalço.

Rachel ficou deitada ouvindo-as. Levantou-se e escapou silenciosamente de casa.

Encontrou Lily do lado de fora do Palácio da Justiça, tomando cerveja com o resto da turma das barracas.

– Que bela surpresa – disse Lily, puxando uma cadeira para Rachel.

– Preciso falar com você.

– Podemos ir para o meu quarto. Vamos – disse Lily, pegando algumas cervejas do isopor e dando boa noite às suas companheiras.

Lily mal havia fechado a porta quando Rachel a puxou para si e a beijou.

– Isso foi bom – disse Lily.

– Leve-me para a cama – ordenou Rachel.

– O quê?

– Você me ouviu.

– Tem certeza?

Rachel a beijou e conduziu-a para a cama.

– Tenho.

Quando Rachel estava beijando o seu pescoço e começando a desabotoar a sua blusa, Lily perguntou:

– Posso saber o que foi que provocou isso tudo? Você parecia tão arredia a relacionamentos, e agora...

– E agora eu realmente gostaria de fazer amor com você – disse Rachel, tomando um dos seios de Lily em suas mãos e beijando-o.

– Mas... – começou Lily.

Rachel a beijou. Lily deu-se por vencida, arrancou a camiseta de Rachel e permitiu que ela a erguesse para que sua língua fizesse o que bem entendesse. Lily inclinou o seu rosto contra a parede e enterrou as suas dúvidas bem fundo para que não pudesse ouvi-las. Tudo o que ela podia ouvir agora era a sua respiração acelerada e os gemidos baixos de Rachel. Ela deslizou pelo peito de Rachel, alcançando-a. Rachel abriu os olhos e viu Lily tomá-la até que ela se contorcesse de prazer, fechasse os olhos e segurasse a sua amante apertada contra si.

Cansadas, suadas e felizes, ambas permaneceram deitadas nos braços uma da outra.

– O que você estava dizendo mesmo? – perguntou Rachel.

– Não me lembro mais – disse Lily, aninhando-se um pouco mais nela.

– Tenho que ir ao banheiro – disse Rachel, levantando-se.

Lily deitou-se de costas e ficou ouvindo. Se ela alguma vez acreditou estar apaixonada antes, agora ela sabia que havia se enganado. "Eu quero ouvir você fazendo xixi pelo resto da minha vida", pensou ela. Infelizmente, esse provavelmente era um caso passageiro, uma fantasia noturna da parte de Rachel. E ela havia sucumbido. Agora ia ser mais duro e doído dizer adeus.

Rachel voltou. Lily inclinou-se ao seu lado.

– Você vai passar a noite aqui?

– Claro, a menos que você esteja planejando me botar para fora – disse Rachel, voltando para a cama. Rachel tirou o cabelo de Lily da frente de seus olhos e olhou profundamente para eles.

– Você é gostosa – disse Rachel, apertando-a.

– Você também – respondeu Lily, tocando-a.

– Você vai estar terrivelmente cansada pela manhã.

– Eu não me importo.

Rachel acordou com o barulho do chuveiro. Lily saiu de lá nua com uma toalha enrolada na cabeça. Sentou-se na ponta da cama e olhou apreensiva para Rachel.

– Está arrependida?

– De quê?

– Da noite passada.

Rachel enroscou os seus braços em torno da cintura macia de Lily, que exalava um leve odor de lavanda.

– Não. E você?

– É uma espécie de surpresa, mas boa.

– Janta comigo hoje à noite? – perguntou Rachel, beijando a nuca de Lily.

– Isso quer dizer que nós estamos namorando?

– Namorando, casando, juntando os trapinhos. Será que você pode relaxar? Eu a quero. Eu preciso de você. Gosto de estar com você. E, acredite ou não, eu penso muito em você – disse Rachel, jogando-a na cama. – E se você não estivesse atrasada para o trabalho, eu a seduziria novamente.

– Faça-me atrasar.

Hope e Rachel ficaram uma de frente para a outra na cozinha tomando café. Ambas tinham um estranho brilho em torno de si.

– Então? – disse Hope.

– Então? Como foi a sua noite? – perguntou Rachel, pensando na sua.

– Legal, e a sua? – perguntou Hope, perguntando-se se Rachel sabia que ela não havia voltado para casa.

– Boa, muito boa.

– A delas deve ter sido fantástica. Estão na cama até agora. Espero que fiquemos assim quando envelhecermos.

– Com as parceiras certas – disse Rachel. – Nunca se sabe. Você está com um ótimo aspecto. Está com uma cor bonita, ganhou peso e os olhos estão brilhantes. Estou feliz que você tenha vindo passar o verão aqui.

Hope colocou o seu braço em torno do ombro de Rachel.

– Eu também. Rachel, o que eu vou fazer com a Pamela?

– Eu não sei, mas acho que vou ter que pedir transferência. Se eu não a tivesse trazido para cá, nada disso estaria acontecendo. É exatamente assim que Pamela vai ver as coisas.

– Não, ela vai achar que você já tinha planejado tudo.

– Talvez ela não leve tudo tão a ferro e fogo – disse Rachel.

Hope olhou para ela erguendo a sobrancelha.

– Você tem razão. Ela vai matar nós duas.

– Vai ser extremamente desagradável.

– Essa é uma maneira muito suave de colocar as coisas. Vai ser um puta de um barraco, isso sim!

– O verão ainda não acabou. Talvez pudéssemos simplesmente não pensar nisso por algum tempo.

– Boa idéia – disse Rachel.

– Aconteceu alguma coisa com você recentemente? – perguntou Hope. Ela tinha esperado uma lição de moral a respeito de procrastinação e de toda a zona que ela estava armando e, no entanto...

– Não, por quê?

– Porque você parece bem mais relaxada do que de costume.

– Acho que estou feliz.

– Que bom.

– Você está feliz?

– Muito – disse Hope.

Mais tarde, naquela mesma noite, sentada no parque com Emerson, ela pensou na sua conversa com Rachel.

– Emerson, você está feliz?

– Eu estou em estado de graça!

– Verdade?

– Sim, minha querida. Eu estou muito feliz. Estou assustada, mas estou feliz.

– Assustada?

– Você sabe, todos esses medos com os quais temos que aprender a lidar.

Hope viu duas mulheres mais velhas se encontrando no parque. Elas se beijaram e se abraçaram rapidamente. Hope não viu nada de mais naquilo. A cidade estava repleta de gays e lésbicas para o festival do fim de semana.

Ela havia se sentado antes na parte de fora do café para observar o movimento. Havia uma variedade surpreendente de tipos, mas nenhuma visão era tão atordoante para os olhos de Hope quanto a de Emerson atravessando a praça para encontrá-la para o almoço. Ela voltou a se sentir tomada pela sensação de estar amando e maravilhou-se com isso.

– Adivinhe com quem eu cruzei agora há pouco? – disse Emerson.

– Quem?

– Ruthie Clark e Elise. Alguém vai se encrencar quando a esposa ficar sabendo.

– Qual é a dessas duas?

– Elas se apaixonam e desapaixonam uma pela outra há anos. Ruthie aprontava muito quando era mais nova. Namorou com metade da cidade. Partiu o coração de Elise e foi aí que Sal entrou na história. Sal era estável. Queria uma esposa e tinha uma inclinação para a vida doméstica. Elise precisava disso. Mas continuava tendo uma queda por Ruthie e nunca conseguiu superar isso completamente. Ruthie se aquietou e desde então tem estado atrás de Elise.

– Quer dizer que aquele dia no café...?

– Sim, aquilo já vem de muito tempo atrás. Sal sabe que Elise não consegue esquecer Ruthie. É estranho, mas o amor pode ser uma droga bem forte. Uma agulha na veia que faz você perder o controle. Faz você cair feio por alguém e ter muita dificuldade de se recuperar.

– É isso que Angel é para você? Uma agulha na veia?

– Sim e não. Acho que precisei de você para conseguir me libertar dela. E você e Pamela?

– Eu não sei bem o que estou sentindo. É uma coisa muito estranha. Talvez eu já estivesse deixando de amá-la há algum tempo, o que faz a coisa toda doer menos. Talvez o fato de eu ter me apaixonado por você faça com que eu não queira pensar nisso.

– Você está triste por deixá-la?

– Não, eu estou feliz da vida por estar apaixonada por você – disse Hope, rolando para cima de Emerson. – Agora leve-me para casa e faça amor comigo.

– Com prazer, minha querida.

Emerson se desvencilhou de Hope no meio da noite e olhou pela vidraça, tentando entender o porquê de todo aquele tumulto. Ela havia ouvido sirenes. Viu o fogo se avolumando no alto da montanha. A fumaça adentrou o ar da noite, encobrindo a lua, como se a terra estivesse fumando um cigarro e soltando a fumaça contra a luz de uma única grande lâmpada. Hope ergueu-se na cama, sonolenta e despenteada.

– Emerson?

– É fogo, um grande incêndio. Parece que é na Fourteenth Street. Tenho que ir ver o que está acontecendo. Isso é assustador.

– Eu vou com você.

– Não é preciso – disse Emerson, sentando-se na ponta da cama e calçando os tênis.

– Eu quero – disse Hope, pegando na sua mão.

Elas encontraram metade da cidade em frente à casa, as janelas tomadas por chamas vermelhas. Ruthie Clark estava ao lado de Elise segurando a sua mão, as lágrimas rolando pelo seu rosto.

– Por quê? – perguntou Elise.

– Porque ela é uma piranha vingativa – disse Ruthie.

Hope e Emerson juntaram-se a Katherine e Berlim.

– Sal pôs fogo na casa. Ela ameaçava fazer isso há anos. Bem, finalmente ela o fez – disse Berlim.

– Ela não queria que Elise ficasse com nada, por isso queimou tudo – disse Katherine.

– Eu vou comprar coisas novas para você, querida – disse Ruthie, apertando Elise contra si.

– Onde está Sal? – perguntou Emerson.

– Na cadeia. Eles estão levando o caso a sério – disse Katherine.

– O quê? Não se pode pôr fogo na própria casa? – perguntou Emerson.

– Não se isso põe a cidade toda em risco – disse Katherine.

Hope tomou a mão de Emerson, rezando para que aquilo não fosse algum tipo de mau presságio a respeito do seu próprio rompimento. Ela havia torcido para que tudo corresse suavemente, que Pamela se comportasse como uma *lady* e soubesse quando partir. Agora estava começando a pensar diferente. A imagem de uma esposa ateando fogo à sua própria casa era algo que a assustava.

– Merda, belo fim de semana para fazer uma coisa dessas. É claro que isso vai estar em todos os jornais. As pessoas de Grover's Corner vão adorar essa fofoca toda. "Lésbica fora de controle tenta incendiar a cidade" – disse Berlim.

– Berlim, assim você não ajuda muito. Sal com certeza estava perturbada, ou não teria feito uma coisa dessas – disse Katherine.

– Ficar perturbada é algo perfeitamente compreensível. Queimar a própria casa e tudo o que há dentro dela já é psicótico – replicou Berlim.

Rachel havia subido o monte correndo e estava estupefata.

Ela se inclinou sobre Hope:

– Pamela não gosta de fogo, gosta?

Hope olhou-a espantada. Rachel havia lido o seu pensamento.

– Muitas pessoas rompem relacionamentos sem tomar uma atitude dessas – disse Emerson, colocando um braço protetor em torno de Hope, sem contudo deixar de pensar que o seu próprio comportamento ao ser deixada por Angel também apresentara os mesmos elementos psicóticos. Do que será que Pamela Severson era capaz?

Ruthie levou Elise para longe do fogo. As pessoas da cidade olharam para as duas com simpatia.

– Ela devia ter se casado com um homem. Um homem não queimaria a casa por ter sido traído pela mulher. Daria-lhe um golpe certeiro no meio da cara, isso sim – gritou Dickie Sharp. Ele deu um trago numa garrafa de Jack Daniel's e não viu Emerson se aproximando. Ela o chutou com força no saco. Ele derramou a bebida por tudo quanto é canto e foi embora segurando as bolas.

Emerson tomou a mão de Hope, sorriu docemente para Katherine e partiu.

– É impossível não amá-la – disse Berlim. – A garota tem coragem.

– Vamos torcer para que a coragem dela seja suficiente para enfrentar Pamela – disse Rachel.

– Eu tenho que conhecer essa mulher de quem vocês têm tanto medo. Ela por acaso tem alguma semelhança com a Medusa? – perguntou Berlim.

– O penteado é um pouco diferente – disse Rachel.

12

Emerson olhou pela vidraça. Estivera estudando os esboços que havia feito de Hope, que cobriam as paredes. Ela não conseguia decidir qual deles deveria esculpir. Sua primeira peça feita com Hope como modelo seria algo sagrado, e ela queria ter certeza de que faria a coisa certa. Aquela não seria apenas mais uma escultura. Hope era a mulher que ela amava. Desesperadamente, como estava descobrindo. Engoliu em seco diante da tarefa. Pareceu-lhe que ela passaria a vida inteira retratando todos os lados de Hope. Rezou para que esse desejo se realizasse.

Em vez de trabalhar, porém, Emerson pôs-se a pensar no quanto estava sentindo a falta de Hope. Ela havia ido para Grover's Corner com Berlim e Rachel. Estavam fazendo compras para o aniversário de Katherine – o presente e outros artigos de que necessitavam para a festa. Berlim estava planejando fazer uma festa surpresa e Hope e Rachel haviam sido escolhidas como assistentes. O dia arrastou-se indefinidamente para Emerson, que constantemente se recriminava por não estar trabalhando.

Ela não estava arrependida por ter se apaixonado. Tudo havia acontecido tão facilmente que ela nem sequer havia pensado a respeito. Esse era o melhor tipo de amor, ela supôs. Só que a sua namorada não era uma namorada, era uma amante, e em algum lugar estava a sua esposa.

Rachel havia dito a Emerson que, se Hope não voltasse, sua carreira acadêmica estaria arruinada. Pamela cuidaria para que isso acontecesse. Sua posição lhe possibilitava fazê-lo. Hope havia dito a Emerson que não queria concluir o mestrado. Pelo menos por enquanto, pensou Emerson. E depois?

O futuro incerto atormentou Emerson. Estavam em meados de agosto e daqui a seis semanas tudo deveria estar decidido. Era justo pedir a Hope que abrisse mão de anos de estudo e de sua carreira? O que ela teria em troca? Uma artista louca que vivia como uma errante num prédio de tijolos dilapidado.

Emerson não conseguia tirar da cabeça a idéia de que ela poderia ser somente uma diversão de verão e que quando ele terminasse não restaria mais nada de todo o relacionamento. Isso era exatamente o que Hope precisava, saber que ela havia conseguido conquistar alguém.

Emerson pressionou a sua cabeça contra a vidraça.

Por que toda coisa boa tem sempre que vir acompanhada de outra muito ruim?

Ela ouviu passos suaves subindo a escada. Seu coração deu um pulo quando Hope irrompeu no recinto.

Ela tomou Emerson em seus braços e apertou-a contra si.

– Pensei em você o dia inteiro. Comprei-lhe um presente – disse Hope, tirando uma corrente com uma medalha de São Cristóvão e colocando-a no pescoço de Emerson.

Emerson baixou a cabeça para apreciá-la.

– É para mantê-la a salvo quando eu não estiver por perto para protegê-la.

O rosto de Emerson assumiu uma expressão estranha.

– O que não acontecerá com muita freqüência, eu espero. Querida, você está com uma cara de quem andou se corroendo com alguma coisa. Qual é o problema?

– Nada muito sério. Eu não consigo decidir qual deles usar – disse Emerson, apontando para a parede tomada pelos esboços que ela havia feito de Hope.

– Você vai acabar descobrindo, sendo essa artista genial que você é – disse Hope, beijando o pescoço de Emerson, lentamente desabotoando sua camisa e então correndo a língua pelo topo de sua calcinha. Ela a tirou e tomou Emerson em sua boca. Emerson fechou os olhos, correu os dedos pelos cabelos de Hope e experimentou sensações que ela não sabia ser capaz de sentir.

Mais tarde, ambas deitadas entre as roupas sobre a cama desfeita, Hope desculpou-se:

– Parece que eu nunca tenho o bastante de você. Eu não devia ser tão atirada.

Emerson olhou para ela e as lágrimas brotaram em seus olhos.

– O que aconteceu? Eu a machuquei?

Emerson puxou-a mais para perto.

– Por que você está triste? – disse Hope, limpando as lágrimas dos belos olhos azuis e parecendo completamente alarmada.

– Eu acho que a amo demais e estou com medo de não conseguir suportar se você for embora – respondeu Emerson finalmente.

– E para onde eu iria?

– De volta para Nova York.

– Por quê?

– Porque é lá que você mora – respondeu Emerson.

– Mas eu não tenho que morar lá. Eu tinha pensado em ficar perto de você. Vou arranjar um lugar para mim por aqui – disse Hope, tirando alguns fios de cabelo do rosto de Emerson.

– Você vai ficar?

– É isso que a está incomodando?

– Sim.

– Eu a amo. Sei que tenho algumas coisas pendentes, mas nada que eu não consiga resolver – disse Hope, passando o seu dedo pelo mamilo de Emerson.

– Eu poderia lhe comprar uma casa – ofereceu Emerson.

– E por que você faria uma coisa dessas? – perguntou Hope, tomando o mamilo de Emerson em sua boca.

– Para que tivéssemos um lugar para morar.

– Você vai ter que me convencer disso – disse Hope, montando em Emerson. Sentindo-a dentro de si, ela sorriu.

– E como é que eu poderia fazer isso? – perguntou Emerson, afastando-se.

– Volte aqui... – implorou Hope.

– Você vai morar comigo?

– Sim – disse Hope, fechando os olhos.

Rachel sentou-se na mesa em frente a Hope e Emerson. Percebeu que Emerson havia chorado. Viu Hope acariciar sua bochecha como que para garantir-lhe alguma coisa. As duas haviam chegado muito atrasadas para o jantar. Rachel concluiu que algo havia desandado e não gostou nada da idéia.

Berlim e Katherine ainda estavam tentando decidir para que lugar da Europa iriam. E ainda era preciso decidir o que fazer com o café. Alguém teria que supervisionar os negócios e, no momento, a ajuda de que dispunham era quase nenhuma.

– Rachel, quando você vai voltar para casa? – perguntou Katherine, enquanto passava o suflê de queijo e amêndoas para Emerson.

Berlim olhou incisivamente para ela:

– Não vá fazer aquela bagunça toda de novo, Emerson. Lembre-se de como eu lhe ensinei a servir.

– Pode deixar. Eu estou ficando menos selvagem, caso ainda não tenha notado.

– Tenho que partir no máximo no dia quinze de setembro – disse Rachel, servindo-se de mais uma taça de vinho. Ela gostaria que Lily também tivesse vindo, mas havia ocorrido um problema com uma das barracas alugadas e ela teve que ficar. Rachel ainda estava levemente marcada pelo seu rompante da tarde. Ainda tinha aquele brilho em torno de si de quem havia acabado de transar.

– Cedo demais – disse Berlim. – Eu não terei conseguido me organizar até lá.

– Merda! – disse Katherine.

– Nós vamos dar um jeito – disse Berlim.

– Por que não me mostra o que fazer e eu observo? Emerson pode me dar uma mão se eu me enrolar – disse Hope.

Todas se voltaram para ela. Emerson arregalou os olhos, torceu a boca e parecia terrivelmente culpada.

– Você não vai voltar comigo? – perguntou Rachel.

– Não – disse Hope, servindo-se de mais uma taça de vinho e lançando um olhar para a mesa, que mais parecia uma inquisição espanhola.

– E a faculdade? – perguntou Rachel.

– Já estou cheia daquilo. Alguém quer ervilhas? – disse Hope, passando-as para quem estava à sua esquerda.

– Mas assim? Você vai jogar tudo para o alto e ficar nessa cidadezinha fazendo o quê? – perguntou Rachel, alterando a voz.

— Eu estava pensando em criar galinhas — disse Hope.

— Galinhas? — disse Berlim.

— Sei lá, alguma coisa. Tenho certeza de que encontrarei algo para fazer. Para falar a verdade, eu estou gostando de não ter um plano definido. Nunca fiz isso antes e gostaria de tentar.

— Que bom para você, Hope — disse Katherine. — Você pode ficar aqui o tempo que quiser, de verdade.

— Eu vou comprar uma casa — disse Emerson — e ela vai morar comigo.

— O quê? — disse Rachel, levantando-se. — Será que todo mundo enlouqueceu?

— Rachel, querida, sente-se. É falta de educação ficar em pé na mesa do jantar — disse Katherine, dando um tapinha na sua cadeira vazia.

— Hope, vamos ser realistas. Eu sei que você se apegou muito a Emerson, mas abrir mão de tudo aquilo pelo que você batalhou para ficar aqui por causa do seu encantamento atual não é uma boa idéia.

— É um pouco mais que encantamento, Rachel — disse Emerson, seu rosto começando a ficar vermelho.

— Vocês duas namoraram pelo pequeno espaço de tempo de um verão. Eu não acredito que isso seja suficiente para pedir que uma pessoa abra mão da sua própria vida — berrou Rachel.

— Eu não pedi que ela abrisse mão de nada — respondeu Emerson.

— Rachel, acalme-se — disse Katherine, tentando pegar na sua mão. Rachel afastou-a.

— Eu não quero me acalmar. Hope, o que você vai fazer? Ligar para Pamela e dizer: "Adivinhe só, eu não vou voltar" — disse Rachel.

— É exatamente isso que eu vou fazer.

— Você não pode fazer isso — disse Rachel.

— Posso sim. O que você estava pensando, Rachel? Que eu só estava me divertindo com Emerson e que quando o verão acabasse nós nos despediríamos uma da outra e agradeceríamos pelos belos momentos passados juntas? É mais do que isso. Eu a amo e tenho a intenção de passar grande parte da minha vida com ela, se Deus quiser — disse Hope.

Emerson sorriu exultante.

– Vocês são duas porra-loucas. Isso não podia estar acontecendo. Relacionamentos precisam de planejamento e de tempo. Eu não a trouxe aqui para perdê-la – disse Rachel, olhando fixamente para Hope. Ela sentiu as lágrimas brotarem. Olhou para suas duas amigas e então saiu correndo da sala. Saiu de casa com as lágrimas rolando pela face.

– Devem ser os genes dos Clifford trazendo à tona o lado analítico e incrivelmente não romântico de Rachel. Não pode ser nada que ela tenha herdado de mim. E também não foi a sua criação. Katherine, onde foi que nós erramos para ter criado uma lesbicazinha tão torta? – disse Berlim enchendo a taça de todas.

– Berlim, isso não é legal – disse Katherine.

– Por que ela está tão zangada? – perguntou Hope. – Nós já havíamos conversado a respeito de eu deixar Pamela. Não achei que isso seria tão surpreendente.

Katherine encontrou o olhar de Berlim. Ela deu de ombros.

– Conte a ela – disse Berlim.

– Hope, eu acho que Rachel está, como direi, apaixonada por você – disse Katherine.

Hope ficou em silêncio por um momento.

– Mas eu nunca pensei nela desta maneira. O que ela achou que eu estava fazendo com Emerson?

– Divertindo-se, eu acho – respondeu Katherine.

– Bem, é mais que isso – disse Hope, sentindo o seu rosto esquentar. Ela estava confusa.

– Eu sei. É uma dessas coisas... – disse Katherine.

Emerson pegou sua mão.

Naquela noite, quando estavam deitadas na cama, Emerson olhou para Hope. Acariciando o seu rosto, ela lhe perguntou:

– Você tem certeza de que quer ficar aqui? Eu poderia ir a qualquer lugar com você.

– Eu gosto daqui. Passei toda a minha vida em cidades grandes. Gostaria de fazer esta experiência. Emerson, não se preocupe. Está tudo bem. Eu pensei no que estou fazendo. Quero ficar aqui.

Rachel encontrou Hope sozinha pela manhã. Ela estava usando uma das camisetas compridas de Emerson, lendo um livro e tomando café. Parecia contente e relaxada. Rachel estava abatida. Não havia conseguido dormir. Estava embaraçada por ter feito uma cena e preocupada com o que Hope poderia estar pensando.

Procurou timidamente por Emerson.

– Ela não está. Foi se encontrar com Lauren. Rachel, você está bem? – perguntou Hope, inclinando a cabeça.

– Sinto muito pela noite passada – disse Rachel, sentando-se numa cadeira ao lado de Hope.

– Você não tem do que se desculpar. Eu tinha a intenção de contar a você. Nós havíamos acabado de decidir o que fazer e acabou saindo no jantar. Eu sei que você acha que tudo está acontecendo rápido demais, mas eu quero deixar as coisas fluírem. Não posso voltar. Não consigo nem mesmo me imaginar voltando. É quase como se a vida que eu deixei para trás fosse de outra pessoa.

– Vou sentir sua falta – disse Rachel, sentindo que estava à beira das lágrimas.

– Também vou sentir a sua – disse Hope, abraçando-a –, mas estarei aqui quando você vier para casa. Além disso, acho que você vai passar mais tempo com uma outra pessoa. E isso é bom. É isso que você precisa fazer.

– Eu sei – disse Rachel, lembrando-se do que sua mãe lhe havia dito sobre Hope não ser para ela.

Rachel foi até a grande escultura num canto.

– Ela vai estar pronta para a exposição?

– Ela quer fazer mais uma peça – disse Hope.

– E deixe-me adivinhar quem é a modelo – disse Rachel sorrindo. – Vocês fizeram maravilhas uma à outra.

– Não é isso que o amor faz com as pessoas? – disse Hope, tomando a mão de Rachel.

– Então você vai mesmo ligar para Pamela e dizer adeus?

– Alguma coisa do tipo. Acho que vou dizer a ela que me apaixonei por outra pessoa. Eu sinto muito, mas não tem jeito. O que ela pode fazer? Não acho que ela vá vir aqui atrás de mim.

Rachel ergueu uma sobrancelha.

– Ela não faria isso, não é mesmo?

– Não, ela pode ser agressiva, mas acho que não faria uma coisa dessas.

– Podemos ter certeza disso?

– Nós a esconderemos – garantiu-lhe Rachel.

Emerson subiu as escadas voando e arrebatou Hope.

– Oi, Rachel – disse Emerson radiante.

Era difícil não ficar feliz quando suas duas melhores amigas estavam loucamente apaixonadas. Rachel deu um empurrão gentil nas duas e foi trabalhar. "Nada como um final feliz", pensou Rachel a caminho do café.

Katherine e Berlim olharam para ela apreensivamente de dentro da cozinha do café.

– Parem com isso. Está tudo bem. Eu já superei.

Elas saíram para checar.

– Você tem certeza? – perguntou Katherine.

– Sim, tenho. Fui conversar com Hope. Elas estão tão felizes que chega a enjoar. Nem eu mesma posso negar que elas formam um casal maravilhoso – disse Rachel, pegando alguns cardápios.

Berlim sorriu.

– Sim, você estava certa – disse Rachel, passando o braço em torno dos ombros de Berlim.

– Quer dizer então que tudo o que nos resta enfrentar é o divórcio – disse Berlim.

– Divórcios podem ser caóticos – disse Katherine.

– Esse não será – disse Rachel.

– Eu não teria tanta certeza – disse Berlim.

– O que a faz dizer isso? – perguntou Rachel.

– Estou recebendo más vibrações a respeito desse – respondeu Berlim.

– A sua bola de cristal mostrou sangue?

– Não, eu só não acho que isso vai ser tão fácil quanto Hope quer que seja – disse Berlim.

– Dizer adeus nunca é fácil, nem simples.

– Bem, acho que vamos ter que esperar para descobrir – disse Rachel, indo atender os fregueses.

13

Hope posou e Emerson trabalhou de modo frenético. Queria desesperadamente que a peça de Hope ficasse pronta para a exposição. Aquilo parecia significar o elo entre elas, o início de sua vida juntas. Quando a escultura ficou pronta e finalizada, Emerson convidou Berlim, Katherine, Rachel e Lily para uma festa de queijos e vinhos e o descerramento da peça.

– Meu Deus, agora ela está até dando festas – disse Berlim, com o convite nas mãos.

– Ela melhorou muito – disse Katherine, virando seu frango na grelha.

– Os efeitos civilizatórios do amor – murmurou Berlim, obviamente pensando em outro tempo e espaço.

– Sim. Gostaria de saber o que isso a faz lembrar – disse Katherine, tampando a grelha.

Berlim estendeu-lhe uma cerveja e puxou uma cadeira para ela.

– Você é tão cavalheiresca, tão educada – disse Katherine.

– Aprendi tudo com você – respondeu Berlim.

– Não, você aprendeu isso na escola preparatória, mas esqueceu convenientemente depois de se tornar a lésbica selvagem da cidade.

– Todos nós passamos por mudanças. Meu Deus, que época divertida!

– E agora, como é? – disse Katherine, fazendo biquinho.

– Agora é tudo maravilhoso. Passei a melhor parte da minha vida com você – disse Berlim, colocando os seus braços em torno de Katherine. – Eu não trocaria isso por nada.

– As pessoas acham que nós somos duas Matusaléns, sabia? – disse Katherine.

– E daí? Eu gosto das coisas desse jeito. Nós estamos lentamente nos transformando em ícones lésbicos. Alguém tem de provar a esses jovens que a longevidade tem os seus benefícios. Não se pode saltar sempre de galho em galho sem nunca saber o que há lá embaixo. É preciso passar junto pelas coisas, mesmo pelo temido tédio, para sair disso fortalecido e mais adequado do que quando entrou – disse Berlim.

– Você devia ter se tornado terapeuta – disse Katherine, beliscando-a.

– Ah, não, nada de terapeutas por aqui. Além do mais, Lutz me acusou de ter problemas com o pôquer outra noite. Disse que eu era compulsiva – comentou Berlim, franzindo as sobrancelhas.

– E você é mesmo.

– Não, eu apenas gosto de jogar e sou boa nisso. Nós ainda não perdemos a casa, não é mesmo? Todo mundo tem um problema na vida.

– Um fetiche ou dois. Lutz estava ganhando ou perdendo quando disse isso?

– Perdendo. Ela sempre perde porque é pretensiosa. Eu paro quando sinto que não estou numa noite boa. Ou fico na minha. Lutz insiste em escarnecer do destino. Se o destino decide que aquela não é a sua noite, é preciso aceitar isso e ir em frente. Lutz acha que, se lhe lançar algumas notas, o destino mudará de idéia. Não é assim que as coisas funcionam.

– Você não é só inteligente. É sexy também – disse Katherine, levantando-se para checar o frango e dando um tapa no traseiro de Berlim ao passar por ela.

Berlim pegou um pano de prato e bateu nela em resposta.

Katherine acenou para ela com um grande espeto nas mãos. Berlim pegou as pinças igualmente compridas.

Elas estavam lutando esgrima quando Rachel e Lily as encontraram. Rachel revirou os olhos para Lily. Às vezes suas mães a deixavam um pouco embaraçada.

– Será que algum dia elas vão crescer? – perguntou Rachel.

– Espero que não – disse Lily, tomando a sua mão. – Elas têm muita alegria de viver. Isso é uma coisa boa, Rachel. Você também tem isso lá no fundo. Eu sei que tem.

– Então você terá fazer isso vir à tona – disse Rachel.

– É o que eu pretendo fazer – disse Lily, pegando a cerveja que Rachel lhe oferecia.

– Onde estão Hope e Emerson? – perguntou Katherine.

– Elas não puderam vir. Alugaram um caminhão e foram para a fundição em Grover's Corner para pegar a estátua. Acho que estão muito ocupadas agora para nos dar atenção – disse Rachel.

– Rachel, não diga isso. Emerson está excitada com essa exposição. Não seja desmancha-prazeres – disse Katherine.

– É, não seja desmancha-prazeres – disse Lily, pegando um pano de prato e batendo em Rachel. Rachel passou a mão em um outro pano e logo começou a guerra.

– Panos de pratos espalhados por aí parecem inspirar este tipo de coisa – disse Berlim.

– As crianças de hoje em dia... – disse Katherine, sorrindo ao ver Lily e Rachel caindo no chão e rolando pela grama.

Emerson terminou de desempacotá-la. Hope permaneceu um pouco recuada.

– É linda, Emerson, absolutamente linda.

– Porque você é linda – disse Emerson, dando um passo para trás.

– Ainda bem que você mandou consertar o elevador ou ela teria que ficar lá embaixo – disse Hope.

– Ficou realmente muito boa – disse Emerson, avaliando-a de todos os lados.

– Só tem uma coisa que eu queria entender. Nós a trouxemos aqui, mas teremos que transportá-la novamente para Grover's Corner para a exposição, é isso?

– Eu gosto de tê-las perto de mim antes de elas encontrarem novos lares. É meu instinto maternal. Mas esta vai ficar – disse Emerson.

– Você não vai vendê-la?

– Nem pelo mais alto lance. Esta aqui é minha.

– Isso é muito gentil, Emerson, mas você não precisa fazer isso. Haverá outras.

– Eu sei, mas esta é especial. Todas são especiais – disse Emerson, olhando em torno para o recinto repleto de seus mais recentes trabalhos. – Mas eu preciso ficar com algumas. E essa é uma delas.

– E o que significa essa com que você vai ficar?

– Não sei exatamente É uma sensação, eu acho. Algo especial acontece na minha vida e então uma obra sai um pouco melhor do que as demais.

– Onde está a de Angel? – perguntou Hope, percebendo subitamente que ela não se encontrava mais lá. Ela havia se sentado algumas vezes ao lado de Angel quando Emerson não estava. Ficava olhando para ela, tentando descobrir quem era a mulher que havia inspirado a peça. Era uma obra incrível.

– Eu a vendi.

– Você a vendeu? Por quê? Para quem?

– Para a mãe de Angel.

– Ela sente saudade da filha?

– Muita.

– Isso foi bonito da sua parte, Emerson.

– Eu estou feliz agora. Não é difícil dar algo a alguém quando se está feliz.

– Mesmo assim. Você é uma mulher muito doce.

– Lembre-se disso da próxima vez que ficar zangada comigo.

– E eu alguma vez já me zanguei com você?

– Ainda não, mas vai acontecer.

– Isso a preocupa?

– Não. Faz parte, não é? Pequenas discussões domésticas significam que você está apaixonada.

– Nós temos muita coisa pela frente – disse Hope, subitamente sentindo a gravidade de iniciar uma nova vida com uma nova pessoa. Elas haviam levado a poltrona preferida de Hope, a de seu pai, para o estúdio. Emerson lhe serviu um uísque, enquanto ela se recostava em sua poltrona. Emerson se sentou e pôs-se a admirá-la.

Era um primeiro passo, embora fácil, a tentativa número um, como quando Hope levou pela primeira vez algumas peças de roupa para a casa de Pamela. Foi só depois do verão, quando Hope saiu do dormitório, que Pamela a convenceu a ficar na cidade definitivamente, em vez de voltar para casa. Mudar-se era uma coisa séria e deixava Hope nervosa.

– Não fique tão assustada. Nós já passamos muito tempo juntas. Eu prometo não me transformar num monstro – disse Emerson, tomando a sua mão.

– Eu sei. Sinto muito. Estou preocupada, pois agora sei que posso fracassar. Eu nunca havia tido um relacionamento sério que não tivesse dado certo. Mas agora é diferente, eu sou divorciada. Tenho um casamento atrás de mim. Eu fracassei.

– Eu também. E daí? Nós não somos perfeitas. E aprendemos alguma coisa com tudo isso, não é?

– Espero que sim.

– Somos mais velhas agora.

– Temos mais experiência – disse Hope.

– Exatamente. Talvez agora saibamos o que não fazer. Não era você que me dizia que eu não devia desistir do amor? Parece-me que é você quem está assumindo uma postura negativa agora.

– Negativa, mas realista – disse Hope.

– Você está perdendo a coragem. Eu sabia que isso ia acontecer – disse Emerson, olhando para Hope e saindo abruptamente da sala.

– Emerson. Espere!

A porta bateu. Hope ficou parada por um momento. "Será que eu estou me acovardando?", perguntou-se ela. "Não, eu estou prevendo um desastre antes de ele acontecer. Mas e daí, se ele acontecer? Eu a amo agora. E agora isso é tudo o que importa." Hope subiu as escadas correndo em direção aos quartos. Emerson havia trancado a porta.

– Emerson, abra a porta, por favor. Desculpe. Eu estou assustada, nada mais. Isso não que dizer que eu não queira ficar com você.

– Você mentiu – gritou Emerson por detrás da porta.

– Como assim, menti?

– Foi só um caso de verão. É tudo o que você quer que seja.

– Não é não. Eu amo você, droga. Agora abra a merda dessa porta.

– Não venha com palavrões para cima de mim.

– Eu amo você. Por favor, não faça isso comigo – disse Hope, escorregando até o chão.

– Fazer o quê? É você que quer cair fora.

– Não quero. Eu juro. Emerson, eu quero falar com você, não com essa porta. Por favor.

– Não. Vá embora.

– Eu não posso ir embora. Eu amo você.

Hope enterrou a cabeça entre os braços e chorou.

Emerson abriu a porta.

– Não chore. Por favor, não chore – disse Emerson, colocando os braços em torno de Hope.

Hope ergueu os olhos. Emerson enxugou suas lágrimas.

– Desculpe – disse Emerson.

– Você não é só um caso para mim.

– Ok.

– Você acredita em mim?

– Acredito.

– Eu fiquei assustada.

– Eu também.

– Acho que acabamos de ter a nossa primeira briga – disse Hope.

– Falando no diabo, não é? – disse Emerson ajudando Hope a se levantar.

Ela tomou Hope em seus braços.

– Eu a amo demais. Não consigo evitar a sensação de que isso é bom demais para ser verdade. Talvez eu algumas vezes deseje que você diga que tudo acabou porque é isso que eu espero – disse Emerson.

– Eu sinto a mesma coisa. As coisas boas podem ser tão assustadoras quanto as ruins.

– E ainda por cima tem a Rachel, que faz parecer uma loucura alguém se apaixonar loucamente durante um verão.

– E uma ex-esposa que ainda não conhece o seu novo estado civil – acrescentou Hope.

– Pois é. Não é de admirar que estejamos nervosas. Falando nisso, quando é que você vai contar a ela?

– O que você acha de hoje à noite depois de um uisquinho? – disse Hope.

– Eu não estou pressionando você.

— Eu sei.

— Você sempre foge e tranca a porta? — perguntou Hope.

— Sim.

— É difícil conversar desse jeito.

— Eu sei.

— Será que a gente pode conversar a respeito dos problemas da próxima vez?

— Com a porta aberta?

— Sim, com a porta aberta.

— Vou tentar.

— É tudo o que eu peço.

— Agora nós vamos nos beijar e transar?

— Sim.

Emerson ficou deitada com seu braço atravessado sobre o estômago de Hope, a cabeça aninhada sob o seu queixo.

— Nós podemos discutir com mais freqüência, se isto significar que faremos as pazes depois desse jeito — disse Emerson.

— Nós já fazemos isso com bastante freqüência — disse Hope, afagando os cabelos de Emerson.

— Que apetite voraz, o nosso.

— Você acha que o nosso ritmo vai mudar com o passar do tempo?

— Não se eu puder evitar.

— Berlim e Katherine ainda fazem amor com bastante freqüência — disse Hope.

— Sinal de um belo caso de amor — respondeu Emerson, inclinando-se sobre ela e beijando o seu mamilo.

— Ou de sua extinção.

— Lá vem você de novo. O que foi que Pamela fez com você?

Hope pensou por um momento.

— Ela me deixou excessivamente sozinha por tempo demais. E quando se reaproximava, era sempre de acordo com as regras dela.

— Eu não sou este tipo de namorada — disse Emerson, fechando seriamente o seu rosto.

— Eu sei. Vamos tomar um uísque e ligar para ela.

– Agora? – disse Emerson, rolando por cima do estômago de Hope e beijando as suas costas.

– Bem...

– Você está pronta? – perguntou Emerson, conectando o telefone.

Hope sentou-se em sua poltrona com um uísque nas mãos.

– Acho que sim.

Emerson estendeu-lhe o telefone.

O coração de Hope bateu forte dentro do peito. Ela esfregou as mãos nas calcinhas e discou o número. Havia tentado ensaiar o que iria dizer. Sempre dava errado. Na realidade, ela sabia que ia soltar a verdade toda de uma vez, e deixar que Pamela interpretasse a coisa toda como pudesse. Hope não sabia o que aguardar.

Atendeu a secretária eletrônica. Ela não deixou recado. Em vez disso, ligou para a faculdade. A doutora Severson não estava, disse a recepcionista.

– Ela vai estar aí amanhã?

– Ela está numa conferência no Novo México. Gallup, para ser exata. Estará de volta na segunda-feira.

Hope pôs o telefone no gancho. Ficou pálida.

– O que houve?

– Ela está aqui.

– Quem está aqui? Pamela?

– Ela está em Gallup.

– Um pulo daqui.

– Exatamente.

– Devemos nos esconder dela?

– Não, mas eu não havia contado com um confronto cara a cara.

– É a melhor solução a longo prazo.

– Você não conhece a Pamela.

– Não conheço mesmo. E acho que ela não vai gostar de mim.

– Não vai mesmo.

14

Rachel chegou correndo pelas escadas para encontrar Hope.
– Oh, meu Deus, você não vai acreditar quem está aqui – disse ela, sem fôlego.– Hope, é terrível.
– Posso tomar mais um uísque? – disse Hope, estendendo o seu copo.
– Acho que você vai precisar de um mesmo. Se eu bebesse, tomaria um também – disse Emerson.
– Hope, ela está aqui, na nossa casa, na nossa sala, perguntando por você.
– Eu sei.
– Como você sabia?
– Liguei para ela. Disseram que ela estava aqui.
– O que você vai fazer?
– Contar a verdade a ela.
– Isso vai ser horrível – disse Rachel, seu rosto começando a ficar vermelho.
– Emerson, sirva um uísque a Rachel. Ela precisa de um.
Rachel sentou-se num banco. Emerson estendeu-lhe um copo e o encheu.
– Hope, isso não é nada bom.
– Emerson não está bonita? – disse Hope, ajeitando a sua gola e colocando um cacho rebelde para trás de sua orelha.
– Não é hora de ficar admirando sua amante quando sua esposa está na cidade. Como você pode estar tão calma?
– Ficar nervosa não vai mudar nada. Além disso, esta é a grande noite de Emerson e eu não vou deixar que Pamela estrague tudo – disse Hope, avaliando Emerson mais uma vez. – Acho que esse

jogo de preto e branco funciona muito bem com você. Nossa, você está linda.

– Obrigada – disse Emerson.

– Vocês duas são loucas. Nós estamos à beira de uma crise e vocês agem como se não houvesse nada de errado.

– Mais um uísque? – perguntou Emerson a Hope, que fez um meneio de cabeça na direção de Rachel.

– O que vocês vão fazer?

– Rachel, você está dificultando as coisas. Eu vou com você, conversarei com Pamela o mais cordialmente possível, irei à exposição e depois disso contarei a ela a respeito de Emerson. É simples e vai funcionar.

– Acho que você está sendo otimista demais.

– Relaxe, Rachel. Agora escute, Emerson. Fique arrumadinha até Lauren vir pegá-la. Promete?

– Prometo. Você tem certeza de que vai ficar bem?

– Sim, querida. Agora beije-me.

– Você acha mesmo que pode simplesmente contar a ela, assim sem mais nem menos, e tudo bem? – perguntou-lhe Rachel, enquanto elas caminhavam pela cidade.

Hope olhou para ela e sorriu.

– Oh, meu Deus, você está bêbada. Eu devia ter percebido. Você ficou lá se embebedando sabendo que alguém viria buscá-la quando ela chegasse aqui.

Hope sorriu e não disse nada.

– Quantos você tomou?

– Seis – disse Hope.

– Você já tinha tomado seis uísques seguidos antes?

– Não.

– Essa vai ser boa.

– Ainda vamos rir muito disso, tenho certeza.

– Você não está enjoada, está?

– Não, estou maravilhosa.

– Ok.

Hope cambaleou um pouco aqui e ali, mas no geral foi muito bem até tropeçar ao subir as escadas que davam para a casa, esfolando os seus joelhos e batendo o queixo. Berlim e Pamela ouviram a agitação e foram para fora.

Hope estava rindo histericamente, com as mãos nas canelas. Seu queixo estava sangrando. Rachel estava tentando desesperadamente fazer com que ela recuperasse a compostura, mas era tarde demais.

Hope olhou para Pamela:

– Oi. Fez boa viagem?

– Eu deveria lhe perguntar a mesma coisa – disse Pamela, ajudando-a a se levantar. Pamela puxou-a para perto e sentiu o cheiro de álcool. – Você andou bebendo.

– Andei.

Berlim conduziu Rachel para dentro de casa e deixou-as sozinhas.

– Ela não vai contar nada agora. Só depois da exposição – sussurrou Rachel.

– Ela não desconfia de nada.

– Ela vai descobrir logo, logo. Onde está a mamãe?

– Lá em cima, dando os retoques finais – disse Berlim.

– Senti a sua falta – disse Pamela, e então beijou Hope profundamente.

– Nós não deveríamos fazer isso – disse Hope, olhando para aqueles olhos cinza claros.

– Por que não?

– Eu lhe direi mais tarde.

– Quer dizer que nós vamos a uma exposição de artes plásticas?

– Isso mesmo.

– E essa Emerson é uma amiga sua?

– Sim.

– Rachel me disse que uma das peças é sobre você.

– Sim.

– Você posou para ela... nua?

– É como se costuma fazer.

– Isso parece tão pouco característico seu.

– Muitas coisas mudaram, Pamela.

– Eu sei. Foi um longo verão. Eu mal posso esperar até você voltar. Apesar de um pouco bêbada, você está com um ótimo aspecto.

– Eu estou bem melhor. Tive um verão maravilhoso.

– Fico feliz por você.

– Acho que tenho que limpar os meus machucados – disse Hope, sorrindo melancolicamente para Pamela. Talvez as coisas não fossem ser tão simples como ela havia pensado.

– Ai! – gritou Hope, enquanto Rachel aplicava água oxigenada em seu queixo.

Pamela olhou para ela, bebeu seu vinho e conversou amigavelmente com Katherine a respeito de lugares na Europa que não se podiam deixar de ver.

– Você ainda não lhe contou nada, não é? – sussurrou Rachel, olhando para Pamela por cima do ombro de Hope.

– Não, ainda não. Eu vou ter que usar um band-aid? Vou ficar ridícula.

– Essa deveria ser a menor das suas preocupações neste momento.

– Você tem razão. Não vai ser fácil.

– Mas você vai conseguir. Não vai mudar de idéia, não é?

– Claro que não!

Sua demonstração enfática chamou a atenção. Pamela olhou para ela confusa. Os olhares de Berlim e Katherine encontraram-se rapidamente.

– Talvez devêssemos ir andando – sugeriu Katherine.

– Nós ainda vamos pegar a Lily? – perguntou Berlim a Rachel.

– Não, ela vai nos encontrar lá. Irá mais tarde.

– Lily? – perguntou Pamela.

– O romance de verão de Rachel – provocou Hope.

– É legal ter novas namoradas. Estou ansiosa por conhecê-la – disse Pamela.

– Oh, você vai conhecer mais de uma nova namorada esta noite – respondeu Rachel.

Pamela olhou para ela sem entender, enquanto Hope sorria benignamente.

— Vamos — disse Katherine.

Quando elas chegaram, Emerson olhou apreensivamente para Hope através do salão.

— Você não está me ouvindo — disse Lauren, segurando a cabeça de Emerson e olhando firme para ela.

— Estou sim — respondeu Emerson, olhando intensamente para Hope.

— Não, você está olhando para sua namorada.

— Não diga isso tão alto.

— Por que não?

— Porque a mulher que está do lado dela é sua esposa.

— Era só o que faltava! Você finalmente encontra alguém apropriado para você e ela é casada. Como é que isso vai acabar?

— A meu favor, eu espero.

— Eu também — disse Lauren, avaliando Pamela Severson. — Ela parecia uma mulher bem-sucedida.

Pamela circulou pelo salão, avaliando todas as peças, até chegar à de Hope.

— Parece que você passou o verão sendo imortalizada em bronze. Ela lhe fez justiça — disse Pamela, tomando a mão de Hope nas suas.

Hope sorriu fracamente e olhou para Emerson. "Isso não está indo nada bem", ela pensou. Ela sabia que Emerson estava ficando nervosa e prestes a perder o controle.

— Senti saudades — disse Pamela, acariciando o rosto de Hope.

— Pamela, nós precisamos conversar a respeito de algumas coisas.

— Eu sei, querida, mas vamos nos divertir essa noite. Temos o outono inteiro para endireitar as coisas. Eu sei que deixei que a minha vida profissional interferisse no nosso relacionamento, mas acho que ficar longe de você fez com que eu percebesse que você é muito importante para mim. Eu não quero perder você — disse Pamela, enlaçando-a pela cintura, e pressionando-a contra si.

Hope olhou por cima de seu ombro e viu Emerson do outro lado do salão, mortificada. Emerson virou-se e foi embora.

Hope desvencilhou-se de Pamela e correu atrás de Emerson, deixando Pamela atordoada. Rachel acompanhou tudo e foi distrair Pamela.

Emerson estava no corredor vazio entre as galerias. Estava tremendo. Hope fechou a porta e a tomou nos braços.

– Amanhã tudo isso terá terminado. Não deixe que ela estrague a sua noite.

– Eu não me importo com esta noite. Não dá para ficar ali parada vendo-a com você... fazendo aquelas coisas. É horrível. Ela a ama. Eu sei. Nós vamos destruir a vida dela!

– Emerson, acalme-se. O que é que eu posso fazer, se deixei de amar uma mulher e me apaixonei por outra? É pior continuar com ela sem amá-la, apenas fingindo. Ela vai ficar magoada, eu sei disso, mas todas nós tivemos casos de amor mal-sucedidos e sobrevivemos a eles. Eu não vou deixar você – disse Hope, olhando-a nos olhos. – É sério.

Emerson a beijou, procurando segurança no seu corpo para as dúvidas que assolavam a sua mente. Hope puxou-a para si, beijando o seu pescoço e orelhas, lentamente abrindo o seu zíper e entrando nela. Emerson fechou os olhos e deixou que Hope a levasse rapidamente ao orgasmo.

Emerson sorriu e falou suavemente palavras de amor antes de fazer o mesmo com Hope, que ansiava por ela. Quando tudo acabou, ambas permaneceram paradas, sem fôlego.

– Eu a amo – disse Hope.

– Eu sei. Desculpe.

– Tudo vai dar certo, ok?

– Ok.

– Como você vai fazer isso?

– Eu ainda não sei. Acho que vou com ela a algum lugar para termos uma conversa.

– Pegue o carro e vá até Finson Road. Lá é tranqüilo, não haverá distrações. Vai ser mais fácil para todo mundo. Eu não gostaria de levar um fora na frente de todo mundo. Assim será mais gentil – disse Emerson, estendendo-lhe as chaves do carro.

– Você tem certeza?

– Quanto a quê?

Uma questão de amor

– Nós.

Hope sorriu para ela.

– Absoluta. Não se preocupe, certo?

Emerson pegou a sua mão, ficando assim por um momento.

– Vamos embora – disse Emerson, endireitando os ombros.

Hope e Emerson voltaram para a galeria. Pamela as observou. Lauren agarrou Emerson e a levou até um próspero cliente.

Pamela olhou para Hope de maneira estranha.

– Aquela é a artista?

– Aquela é Emerson. Vamos conversar.

– Você está bem? Está ruborizada – disse Pamela, tocando o seu rosto.

– Eu estou bem. Vamos.

– Para onde?

– Dar uma volta de carro.

– Tudo bem – disse Pamela, deixando-se ser conduzida para fora da galeria.

Emerson as observou saírem.

– De quem é o carro? – perguntou Pamela, quando elas entraram no MG.

– De Emerson – respondeu Hope.

– É bem legal. Ela deve ter bastante dinheiro.

– Tem mesmo – disse Hope, desviando do meio-fio.

– Quer dizer então que ela é talentosa e rica?

– Sim.

Pamela ficou em silêncio.

– Hope...

– Eu sinto muito. Eu não esperava que isso acontecesse.

Hope deixou a estrada e tomou a direção de Finson Road. Estacionou o carro e voltou-se para Pamela, que estava sentada olhando ao redor. Digerindo os fatos, supôs Hope.

– O que significa isso? – disse Pamela, voltando-se para olhá-la.

– Que eu estou deixando você – disse Hope.

– Eu poderia passar por cima disso – respondeu Pamela.

– Passar por cima de quê? – perguntou Hope.

– De uma pulada de cerca.

– Não se trata disso.

– Hope, eu sei que as coisas nem sempre foram perfeitas entre nós, mas nós podemos dar um jeito nisso. Você é jovem. Um romancezinho de verão, uma distração... Eu entendo. Sei que você não teve muitas namoradas antes de mim. Essas coisas acontecem. Não é o fim do mundo. Você aprendeu algumas coisas, se divertiu. Está tudo bem. Verdade. Ela é bem atraente. Você fez bem. Algum dia você poderá me contar todos os detalhes sórdidos.

– Pamela, não é nada disso – disse Hope, sentindo-se repentinamente indefesa.

Pamela tomou o rosto de Hope entre as mãos e a beijou.

– Eu a amo, querida, e não tenho a menor intenção de deixar você. Seja ela uma artista rica e famosa ou não. Você é minha.

– Uma pessoa não pode ser propriedade de outra – disse Hope, sentindo a exasperação insinuar-se em sua voz. – Eu sou outra pessoa. Eu amo outra pessoa. Isso não significa nada para você?

– Sim. Significa que você está arcando com as dores do amadurecimento. Está tudo bem. Eu não guardo ressentimentos.

Hope saiu do carro e se inclinou sobre o capô, incrédula. Como lidar com alguém que não permite que você vá embora? Ela não havia previsto isso. Lágrimas, disparates, algumas obscenidades, mas negação? Ela não sabia o que fazer. Ouviu a outra porta do carro bater e sentiu Pamela ao seu lado.

– Bela lua – disse Pamela.

Hope olhou para o céu.

– Eu não vou voltar. Vou morar com Emerson.

– E fazer o quê? Jogar a sua carreira pelo ralo? Eu não acredito. É só encantamento, Hope. Alguém novo entra na sua vida, vocês se fascinam uma pela outra, podem até dormir juntas, mas isso não significa que você vai abrir mão da sua esposa ou dos elementos estáveis da sua vida. Não há nada de errado em ter uma amante de vez em quando, mas elas cansam depois de um certo tempo, você vai ver.

O olhar de Hope encontrou o de Pamela.

– Você teve alguma amante ocasional desde que nós estamos juntas?

– Claro, querida, mas elas nunca significaram nada para mim. Eram simples distrações temporárias. É com você que eu quero ficar.

Hope, nós formamos um belo casal. Nós funcionamos bem juntas. Não estrague tudo.

— Eu não posso acreditar em você! Eu nunca agi sob o princípio de que ter uma amante fazia parte do trato. Quer dizer que todas aquelas noites em que eu esperei por você, achando que você estava trabalhando, na verdade estava trepando com outra pessoa?

— Não todas.

— Só algumas.

— Olhe, Hope, eu não teria lhe contado nada se soubesse que você ia ficar tão chateada. Além do mais, não sou eu que estou trepando com a artista do pedaço.

— Já era hora de eu dar as minhas voltinhas, você não acha? Parece que agora é a minha vez.

— É, acho que sim.

— Umas doze mais e ficamos quites, é isso?

— Não creio que tenham sido tantas, Hope. Digamos que foram apenas algumas.

— "Algumas" significa mais que duas.

— Não seja fútil, Hope – disse Pamela, estendendo a mão na sua direção.

Hope desviou.

— Não toque em mim!

— Hope, acalme-se.

— Eu não quero me acalmar. Eu passei, ou melhor, eu desperdicei três anos da minha vida com você, pensando em nós como um casal, esforçando-me para que fôssemos um, e agora descubro que eu era só a sua trepada fixa!

— Você está desvirtuando as coisas – disse Pamela, seu rosto ficando vermelho. Ela agarrou o braço de Hope. – Eu nunca pensei em deixá-la para ficar com nenhuma das outras, ao contrário do que você está me propondo.

— O que você vai fazer? Bater em mim novamente?

— Não – disse Pamela, soltando-a. – Eu só quero falar com você.

— Nós não temos mais nada para dizer uma à outra.

— Não seja tão radical.

Hope olhou para ela e irrompeu em lágrimas.

– Eu confiava em você.

Pamela colocou os braços em torno de Hope.

– Eu sinto muito. Eu não deveria ter lhe contado. Mas você viu como isso é fácil de acontecer. Você fez a mesma coisa com Emerson. Acontece de vez em quando, mas não significa nada.

Hope olhou para ela.

– Significa, sim.

– Querida, você verá isso com outros olhos depois de algum tempo – disse Pamela, puxando-a para perto.

Hope desvencilhou-se dela.

– E o que me diz de amor, honra e confiança? Nada disso importa para você?

– Você esqueceu de mencionar obediência, querida – provocou Pamela, puxando Hope, achando que essa seria uma boa hora para seduzir sua esposa, envolvendo-a novamente nas tramas do amor. – Nós podemos superar isso. Nada mais de amantes. Eu prometo. Agora venha cá.

– Não! – gritou Hope.

– Não seja boba, Hope.

– Eu prefiro ser boba e viver honestamente do que aderir ao seu sistema de merda.

Hope lançou um último e longo olhar para a sua esposa e saiu em disparada pela encosta escura.

– Hope... onde você vai?

– O mais longe de você que eu conseguir – berrou Hope.

Pamela Severson estava sem palavras, coisa rara em sua vida. "Ela estará mais calma pela manhã", pensou Pamela, enquanto procurava pelas chaves do carro. Esse era o problema de namorar com mulheres mais novas. Elas eram excessivamente idealistas.

Hope correu até ser derrubada por um pequeno galho de árvore protuberante cuja distância ela havia calculado mal em meio à sua raiva. Levantou e recomeçou a andar, tentando raciocinar. "Eu angustiada esse tempo todo por ter sido infiel, quando isso fazia parte da nossa relação. Isto é loucura. Ela é louca. Quer dizer que ser fiel agora é ultrapassado?"

Ao chegar na casa de Emerson, Hope estava imunda. Havia chorado muito e parecia ter sido arrastada por um carro.

– Meu Deus, o que ela fez com você? – perguntou Emerson.

– Você não vai acreditar.

– Ela machucou você?

Hope olhou para si mesma.

– Não, eu a deixei na Finson Road com o carro. Vim andando. Tinha que me afastar dela. Tenho certeza de que ela trará o carro de volta.

– Foda-se o carro. Hope, você não devia perambular pelo campo no meio da noite. É perigoso.

– Era mais perigoso ficar com ela. Oh, Emerson, foi horrível – disse Hope, irrompendo em lágrimas.

Emerson a tomou nos braços.

– Vamos dar um jeito nessa sujeira. Depois conversaremos.

Mais tarde, já deitadas na cama, Hope contou a Emerson o que havia acontecido.

– Quer dizer que a nossa relação não significa grande coisa para ela.

– É óbvio que não, já que isso faz parte de qualquer casamento feliz. Emerson...

– Sim?

– Eu não quero que sejamos assim.

– Nós não seremos. Eu prometo. Vamos descansar e tratar disso amanhã de manhã.

– Eu nunca mais vou falar com ela novamente.

– Tudo bem. Eu direi a ela para cair fora.

– Obrigada – disse Hope, aninhando-se em Emerson e adormecendo quase imediatamente em seus braços.

Emerson permaneceu acordada, pensando que tipo de monstro era Pamela Severson. Hope era a mulher mais doce que ela já havia conhecido. Como ela podia ter vivido com uma mulher tão estranhamente desprendida e amoral? Uma mulher, ao que parecia a Emerson, incapaz de amar.

Pela manhã, Emerson encontrou-se frente a frente com Pamela Severson, recostada no MG e fumando um cigarro indiferentemente. Ela havia saído para comprar leite e jornal enquanto Hope ainda dormia.

– Creio que isto lhe pertence – disse Pamela, balançando as chaves.

– Sim – respondeu Emerson, tomando-as de sua mão.

– Ela está aí com você?

Emerson hesitou por meio segundo.

– Acho que isso significa "sim". Ela está bem?

– Está dormindo.

– Preciso falar com ela.

– Ela disse que não quer falar com você.

– Ela é minha mulher, lembra-se?

– Eu jamais me esqueci.

– Aposto que não. Apetitosa, não é mesmo?

– Não fale assim.

– Oh, por favor, não me diga que você é mais uma romântica incurável. Olhe, Emerson, o que quer que tenha acontecido neste verão, acabou. Ela vai voltar para casa comigo. Não há nada aqui para ela exceto algumas farras entre lençóis.

– É bem mais que isso.

– Isso é o que você diz. Diga a ela para me ligar quando acordar. Não se esqueça – disse Pamela, indo embora.

Emerson teve que se segurar para não esbofetear a piranha insolente. Em vez disso, bateu a porta da frente, fazendo o som ecoar por todo o prédio. Hope estava sentada na cama quando Emerson chegou no quarto.

– Desculpe.

– O que houve?

– Pamela trouxe o carro de volta.

– Oh.

– Ela quer que você ligue para ela.

– Eu não vou ligar.

– Foi o que eu lhe disse.

– E ela?

– Não acreditou em mim. Ela acha que tudo o que existe entre nós se resume a uma boa cama.

– Só porque ela quer. Venha cá – disse Hope estendendo-lhe os braços. – Nós somos bem mais que isso.

– Eu sei – disse Emerson, sentindo os olhos marejarem. Ela estava irada e amedrontada.

– Não chore. Ela não vai vencer – disse Hope, beijando as lágrimas de Emerson à medida que caíam.

– Eu sinto muito por você estar metida nisso.

Emerson enterrou o rosto no pescoço de Hope e a abraçou apertado.

– Eu não vou deixar que você vá. Essa mulher é má.

– Eu sei. Nós vamos dar um jeito.

– Uma bomba no carro?

– Pode ser – disse Hope sorrindo.

Rachel subiu as escadas voando.

– Vocês duas estão com uma cara de merda – disse Rachel.

– Obrigada, Rachel, estávamos mesmo contando com você para elevar o nosso moral.

– Hope, o que aconteceu com o seu rosto?

– Um galho de árvore. Não me abaixei a tempo.

– Parece que sua mulher não tem nenhuma intenção de ir embora, a menos que seja acompanhada por você.

– Ela pode ficar com o meu quarto.

– Hope, isso é sério. O que vamos fazer? – disse Rachel, indo até a geladeira para pegar um refrigerante.

– Eu não vou voltar com ela, mas parece que não consigo fazer com que ela compreenda isso. Quem poderia imaginar que Pamela acreditava que ter aventuras paralelas era uma coisa maravilhosa? Como eu posso convencê-la de que não a amo mais? Estou perdida.

– Onde está Berlim? – perguntou Emerson.

– No café. Por quê? – perguntou Rachel.

– Ela saberá o que fazer – disse Emerson. – Rachel, você pode ficar aqui com Hope? Eu não quero que Pamela a leve daqui enquanto eu não estiver. Não vou demorar muito.

Berlim serviu uma xícara de café a Emerson.

– O que ela está fazendo?

– Lendo, ao lado do telefone, e esperando ansiosamente – respondeu Berlim.

– Isso não é bizarro?

– Ela não quer abrir mão de Hope. Você abriria? Pense no que sente por ela. Você a deixaria assim, sem mais nem menos? Como foi que você agiu com Angel? Você não aceitou muito bem a situação.

Berlim serviu-se de uma xícara de café e sentou-se ao lado de Emerson.

– Hope vai ter que falar com ela. Esse joguinho de esconde-esconde não vai dar certo. Quanto mais ela esperar, pior vai ser.

– Não sei como convencer Hope a fazer isso. Ela está furiosa e eu não estou bem certa se quero que ela fale com Pamela. Ela é uma adversária poderosa.

– Este será um teste definitivo para o amor de vocês.

– Eu não quero saber de testes. Só quero que comecemos uma vida juntas e deixemos toda essa história para trás.

– Isso não é muito realista. Toda história de amor traz uma bagagem consigo.

– Como minha mãe ficou quando você voltou com Katherine? – perguntou Emerson, lembrando-se subitamente de que Berlim também já havia sido a outra.

– Cordial, bem educada, a perfeita *lady*. Isso não quer dizer que ela não tenha ficado ferida, mas ela jamais deixou transparecer qualquer coisa. Não sei como ela foi ter uma filha tão selvagem. Se sua mãe fosse viva, você seria muito diferente.

– Eu não teria tanta certeza. Nós provavelmente brigaríamos o tempo todo. Pelo menos dessa maneira eu não tive que conviver com a decepção dela.

– Eu não creio que ela teria se desapontado com você. Acho que ela teria orgulho. Ela amava as artes. Ela teria gostado de ter uma filha artista, especialmente uma tão talentosa – disse Berlim, sorrindo afetuosamente para Emerson.

– Artista, mas também lésbica e no momento ladra de esposas alheias. Berlim, o que é que eu vou fazer?

– Você vai ter que esperar e deixar Hope agir. Ela é a única pessoa que pode convencer Pamela de que tudo acabou.

– Eu sei. Está bem. Espero que isto dê certo.

– Vai dar, querida.

Berlim observou Emerson partir. Ela se parecia muito com a mãe. Berlim ainda se lembrava da última vez em que havia visto Sarah viva. Como elas haviam tentado imaginar a aparência do bebê que estava por nascer. Mas Sarah nunca chegara a ver Emerson, só havia podido sonhar com ela. Berlim e Katherine a viram crescer. E isso era triste. É preciso ser cuidadoso com as pessoas que se ama, nunca se sabe quando se pode perdê-las, deixando todas aquelas coisas que se gostaria de ter dito palpitando em sua língua por toda a eternidade. Havia centenas de coisas que ela gostaria de ter dito a Sarah.

Berlim deu de ombros, tentando afastar estas lembranças, pensando que sua nova convidada já estava começando a incomodar. Ainda bem que Katherine sabia lidar com este tipo de coisa. A falta de tato de Berlim já as havia metido em complicações por mais de uma vez.

Pamela estava tão certa de que conseguiria reconquistar Hope que Berlim teve que se conter para não trazê-la de volta à realidade à força. A mulher estava sendo realmente presunçosa. Como alguém podia ter tanta certeza do amor de outra pessoa a ponto de achar que bastava entrar em cena para reconquistá-la? Era de um egoísmo assustador.

15

Berlim e Katherine estavam à mesa da cozinha tomando café, fingindo não estar bisbilhotando a conversa de Pamela ao telefone.

– No final da semana. Eu tenho certeza. Nesse meio tempo vou precisar que você me passe algumas coisas por fax. Eu lhe enviarei uma lista. Há um fax numa das papelarias desta cidadezinha esquecida por Deus. Quase nada mais além disso – disse Pamela, girando um lápis entre os dedos enquanto ouvia a secretária matraquear a respeito de tarefas e compromissos com sua chefe preocupada. Pamela não estava bem. A história com Hope estava começando a perturbá-la. Ela ouviu parcialmente o que Cybil lhe disse e respondeu de maneira distraída. Estava, na verdade, querendo saber onde estava Hope e o que ela estava fazendo.

Ela havia sentido saudades da esposa durante o verão. Apesar de ter tido alguns rompantes ocasionais de fim de tarde, ela havia sentido falta de encontrar Hope ao chegar em casa. Era estranho ter se acostumado com a presença de alguém que gostava dela, que dizia "Eu amo você" exatamente quando ela precisava ouvir isso, que a abraçava. Ter alguém que a ama é muito diferente de ter alguém que a admira, alguém a quem você desafia intelectualmente ou que a tenha achado sexy após várias taças de vinho, que sabe que não voltará a vê-la antes da próxima conferência e que não tem nenhum problema em relação ao fato. Isso era claro.

Por que ela havia contado a Hope a respeito de seus casos? Aquilo tinha sido muita estupidez. Pamela não havia feito muitas coisas estúpidas na vida, mas essa era uma mancada que seria bem difícil de consertar. Ela tinha achado que contar a respeito de suas próprias aventuras faria com que Hope percebesse que o fato de ela

Uma questão de amor

ter dormido com outra pessoa não significava que elas precisavam romper o relacionamento.

A dificuldade era chegar até Hope. O orgulho a havia impedido de ir até a casa de Emerson para falar com ela. Mas, ao que parecia, Hope não tinha nenhuma intenção de aparecer ou ligar. Será que ela devia mandar flores, tentar um bilhete ou quem sabe simplesmente raptar a esposa e arrastá-la a algum lugar até que ela recuperasse o juízo? Pamela passou algum tempo brincando com as várias possibilidades e saiu em busca do fax. Apesar de seus dramas pessoais, ainda havia muito trabalho a ser feito. Pamela estava olhando pela janela esperando que o fax executasse seus truques de mágica quando as viu. Hope e Emerson estavam no parque, sentadas sobre um cobertor, conversando. Emerson acariciou o seu rosto e beijou-a gentil e demoradamente. Hope a abraçou forte.

O fax emitiu seu sinal, mas Pamela permaneceu com a mão inerte sobre o aparelho. O empregado olhou para ela, perguntando se ela precisava de mais alguma coisa. Ela respondeu negativamente e juntou seus papéis.

Escondeu-se delas e entrou na biblioteca ao lado. Tentou evitar as janelas, que davam todas para o parque, mas não conseguiu resistir. Terminou por se flagrar observando-as. O que ela ia fazer? Será que seria capaz de suportar esperar para ver se o encantamento se desvanecia por si só? Será que ela deveria se retirar com elegância, deixando a porta aberta, esperando que sua mulher voltasse para ela? A simples idéia de tamanho vazio a apavorava.

"Como fui deixar que ela se afastasse tanto assim de mim?" Uma vozinha lá no fundo lhe disse: "Você estava tão preocupada consigo mesma que não pôde ver mais nada. Você deixou uma pessoa preciosa escapar".

Pamela passou o resto do dia na biblioteca, tentando encontrar conforto no trabalho. Quando a biblioteca fechou, ela foi para casa, subiu as escadas e se deitou, evitando a todos. A dor por ter constatado a realidade havia se instalado e ela estava se sentindo excessivamente vulnerável para ser vista ou tocada por qualquer pessoa. Amanhã ela iria ver Hope... e aprender a dizer adeus.

Hope estava relaxando na banheira, lendo e ouvindo Strauss – três de seus passatempos prediletos. Olhou para cima e encontrou Pamela na porta. Emerson havia ido a Grover's Corner para encontrar Lauren. Hope sentiu um nó de ansiedade na boca do estômago.

– Eu tentei bater na porta, mas a música estava muito alta – disse Pamela. Ficar ali olhando para Hope havia trazido de volta toda uma avalanche de lembranças de quando ela voltava para casa e a encontrava desse jeito, sentava-se na pia e lhe contava como havia sido o seu dia. Quantas vezes ela poderia tê-la levado para a cama e feito amor com ela, mas não o fizera porque já o havia feito antes e estava cansada e irritada. Quantas vezes ela havia envolto Hope numa toalha, depois de ela a ter beijado, pensando em fazer amor, esquivando-se gentilmente, fazendo promessas para depois.

E agora ali estava ela, sentada na banheira de outra pessoa, mais linda do que nunca.

– Preciso falar com você – disse Pamela.

– Nós já dissemos tudo o que havia para dizer, não é? – disse Hope olhando ao redor à procura de uma toalha. A do armário estava longe demais.

– Precisa de uma toalha?

– Sim, por favor.

Pamela abriu uma para ela.

– Eu já a vi nua antes, lembra-se?

– Eu sei – disse Hope, erguendo-se ansiosa e envergonhada.

Pamela olhou para ela. Hope desviou o olhar. Pamela pegou o seu queixo, forçando-a a encará-la.

– Eu ainda a amo. Eu sempre a amarei. Deus sabe como vou sentir a sua falta, mas eu vim dizer adeus – disse Pamela, sentindo lágrimas quentes rolarem pela sua face.

– Ei...! – disse Hope, puxando-a para perto de si, toda a raiva se evaporando. – Eu sinto muito. Eu sinto muito.

– Não posso acreditar que estou perdendo você – disse Pamela, começando a soluçar.

– Vai ser bom no fim das contas. Você vai encontrar alguém que terá todas as coisas que você deseja, alguém que não a decepcionará, que a amará do jeito que você quer.

– Eu tive esta pessoa e deixei que ela fosse embora – disse Pamela, afastando-se de Hope.

Hope se vestiu e olhou para Pamela, que olhava para fora, pela janela.

– Eu deveria ter ligado para você e contado o que estava acontecendo em vez de deixar que você descobrisse tudo deste modo. Acho que deixei as coisas irem longe demais, chegando a um ponto sem volta. Não foi justo manter você no escuro. Eu sinto muito – disse Hope indo até Pamela, colocando-se ao seu lado.

– Não posso imaginar a minha vida sem você, mas vou ser obrigada a fazê-lo – disse Pamela, voltando-se para ela.

Hope tocou a sua face enquanto ambas sustentavam o olhar uma da outra por mais um momento. Era mais fácil sentir raiva.

– Vamos pegar as suas coisas e eu a levarei ao aeroporto.

– Meu vôo só parte amanhã.

– Tudo bem. Ficaremos em Albuquerque. Nós nos despediremos... longe de todo mundo. Eu te devo isso.

– Hope, você não me deve nada – disse Pamela, começando a chorar.

– Não foi isso que eu quis dizer. Sei que é difícil de acreditar, mas eu ainda a amo. Cheguei a acreditar que não sentia mais nada por você, mas vê-la aqui, agora, dói muito – disse Hope, engolindo em seco e sentindo as lágrimas chegarem.

– Então vamos embora – disse Pamela.

– Espere, eu preciso deixar um bilhete – disse Hope.

– Ok, eu vou esperar lá fora.

Hope escreveu qualquer coisa apressadamente, sabendo, porém, que nada seria adequado. "Por favor, Emerson, compreenda." Ela, no entanto, sabia que Emerson não compreenderia. "Tomara que eu consiga consertar as coisas na volta", pensou Hope.

– Ela se foi – disse Emerson, entrando à toda no café.

– Quem? – perguntou Rachel.

– Hope – disse Emerson, sentando-se no balcão e enterrando a cabeça instantaneamente.

– Para onde ela foi? – perguntou Berlim.

Emerson jogou o bilhete sobre o balcão.

Katherine, Berlim e Rachel o leram.

– E daí? – perguntou Rachel. – Ela vai voltar.

– Você acha? – disse Emerson.

– Claro. Levar alguém ao aeroporto não significa que ela está deixando você – disse Berlim.

– É... – disse Emerson, começando a parecer um pouco mais esperançosa. Ela ainda estava assustada. Saber que Hope estava com Pamela a deixava nervosa. Talvez Pamela raptasse Hope e Emerson nunca mais a visse.

– Hope quer ficar com você. Ela vai voltar – disse Rachel.

– Eu sinto jogar água fria na fervura, mas o vôo de Pamela só parte amanhã – disse Katherine.

– Então por que elas partiram hoje? – perguntou Emerson.

Berlim olhou para ela e pegou a sua mão.

– Para dizer adeus. Pamela precisa disso. Nem você nem Hope podem privá-la disso. Emerson, você vai ter que ser forte. Parte de um novo envolvimento amoroso é reconhecer o amor antigo. E não me venha com agressão. Eu estou falando sério.

Emerson se levantou.

– Ok, eu entendi.

Ela saiu do café sendo observada por todos.

– Caralho! – disse Rachel.

– Perdão, mocinha? – disse Berlim.

– Com quem será que eu aprendi a falar assim?

– Berlim, essa foi dureza. Será que ela vai ficar bem? – disse Katherine.

– Ela vai ficar bem. Emerson está amadurecendo.

– Como você sabe? – perguntou Rachel.

– Porque ela entendeu a importância de dizer adeus. Só uma pessoa madura é capaz de compreender isso. Talvez um dia você faça o mesmo, Rachel – disse Berlim, dando-lhe um tapinha.

– Desculpe – disse Rachel.

– Mas antes ela tem de aprender a dizer olá – provocou Katherine.

– Nós não estamos falando de mim.

– Estamos sim. É você que não consegue abrir mão nem de Emerson, nem de Hope. Você ainda não disse adeus.

Rachel olhou para as duas.

– Mas eu vou ter que fazê-lo.

– Emerson vai ficar bem. Hope vai fazer o que Angel deveria ter feito com Emerson, mas nunca teve a coragem de fazer. Fugir é decididamente a pior maneira de terminar um relacionamento amoroso. Existem coisas que é preciso dizer um ao outro, e é preciso ter a chance de dizê-las. Se essa chance for negada, as pessoas ficam obcecadas, permanecendo com uma visão unilateral da situação, uma discussão eternamente inacabada. As pessoas gostam de finais, precisam disso – disse Berlim.

– Eu dirijo – disse Hope, tomando as chaves de Pamela, que parecia angustiada.

Hope colocou a bagagem na mala do carro, pegou o guia na mesa do corredor e pediu que Pamela procurasse uma bela pousada em Albuquerque.

– Você está agindo como se nós estivéssemos partindo em uma viagem de férias – disse Pamela.

– Nós podemos tornar isso melhor do que realmente é. Vamos tentar, certo?

– Certo – disse Pamela, entrando no carro.

Pamela a observou enquanto Hope pegava a direção da autoestrada. Ela parecia tão diferente. Mais confiante, mais segura do que Pamela jamais a havia visto. Hope olhou para ela e sorriu. Tomou sua mão e a beijou. Pamela sorriu de volta, sentindo as lágrimas voltarem a brotar. Aquela era a coisa mais difícil que ela já havia feito em toda a sua vida.

– Isso não vai ser nada fácil – disse Pamela.

– Eu sei. Nós não temos que ignorar uma à outra. Vai ser difícil durante um tempo, mas você é uma parte muito importante da minha vida. Mas se você acha que é melhor não continuarmos amigas, faremos as coisas de outro jeito. Só depende de você.

– Hope...

– Você não precisa responder agora. Eu não espero ter tudo.

– Hope, eu a amo. Sempre amarei.

– Você me promete uma coisa?

– Sim.

– Quando você encontrar a pessoa certa, prometa-me que não a trairá, que se entregará a ela por inteiro e não só em parte, que dará a ela toda a sua atenção. Não existe amor pior, Pamela, do que o amor distraído. Faça de alguém uma esposa feliz.

– Eu tentarei – disse Pamela, sentindo as lágrimas rolarem pela sua face.

– Não chore. Me fará chorar também e eu não poderei dirigir.

Elas finalmente encontraram a pousada. Era uma charmosa casa de estilo vitoriano, completamente deslocada em meio às redondezas desertas, mas era original e tranqüila e bem melhor do que a esterilidade dos hotéis em geral. Hope não queria que os últimos momentos de seu relacionamento com Pamela fossem passados num lugar frio e impessoal. Um adeus deveria ser bem mais que isso.

– Vamos pedir que nos tragam alguma coisa ou você quer comer fora? – perguntou Hope.

– Quero ficar aqui com algumas garrafas de vinho – disse Pamela, enfiando-se na cama e fechando os olhos. "Hoje foi um dia muito longo", pensou Pamela. "E amanhã será ainda pior."

Hope pediu o jantar e duas garrafas de vinho. Observou Pamela descansando e tentou adivinhar o que ela estava pensando.

Elas comeram em silêncio, deixando que o vinho dissipasse a tensão que estavam sentindo. Hope continuava pensando: "Como se diz adeus a alguém?" Elas começaram a relembrar antigas histórias. Isso, falar do passado, rir dele juntas, acabou ajudando-as de alguma maneira.

– Eu sei que estraguei tudo, Hope, mas eu nunca deixei de amar você. Queria que você soubesse disso – disse Pamela, enquanto elas examinavam o álbum de fotografias que Hope havia pego no último minuto antes de partir. Ela achou que isso poderia ser importante para elas.

– Eu sei.

– Por que você trouxe isso? – disse Pamela, apontando para o álbum.

– Achei que poderia nos ser útil. Eu o trouxe comigo para o verão porque queria pensar sobre nós e sobre o que havíamos nos tornado. Eu também trouxe os seus livros e os li para tentar descobrir mais a seu respeito.

– E o que foi que você descobriu?

– Que você estava apaixonada pela pessoa errada.

– Por quê?

– Porque você precisa de alguém inteligente.

– Você é inteligente.

– Não, eu sou animalesca e você é analítica. Isso não quer dizer que não tivemos momentos maravilhosos. Mas eu sempre vou decepcioná-la.

– E eu sempre vou perguntar o que a motiva. Eu sei que há coisas que a mobilizam, Hope. Sei que você se questiona a respeito de determinadas coisas. Você é diferente. Eu nunca me dei realmente ao trabalho de descobrir onde ou no que você estava envolvida e me arrependo disso. Infelizmente, não há mais nada que eu possa fazer para consertar isso – disse Pamela, virando a página seguinte do álbum de fotografias.

– O que você acha que me mobiliza? – disse Hope, olhando recatadamente para Pamela.

Pamela acariciou o rosto de Hope.

– Eu poderia pensar em algumas coisas.

– Por exemplo?

– Hope, se eu não soubesse que não é o caso, acharia que você está me cantando.

– Eu jamais faria uma coisa dessas.

– Jamais? E por que não?

– Porque eu a amava mais quando você me seduzia para fazer amor comigo por saber que então você era minha, que todas as diferenças se dissipavam.

– Mas isso não vai funcionar agora, não é mesmo? – disse Pamela desviando o olhar, sentindo a tristeza apoderar-se dela.

Hope beijou-a longa e intensamente.

– Eu quero dizer adeus.

– E é assim que você quer fazer isso?

– Sim.

— Tem certeza?

— Absoluta — disse Hope, deitando Pamela de costas e montando em seu estômago. Hope deitou-se lentamente sobre ela e Pamela tremeu sob seu corpo ao sentir o contato familiar.

— Hope, eu não sei se...

Hope silenciou seus protestos com beijos e Pamela se deixou seduzir. Hope tirou a blusa e Pamela sugou seus seios lembrando-se do amor, tentando saborear ao máximo cada momento, porque seriam os últimos. Teria sido tão fácil deixar-se enredar, esquecer que aquela seria a última vez que ela abraçaria Hope, a última vez que ela a tomaria em sua boca, que sentiria seus dedos fortes e longos dentro de si, a última vez que gritaria de prazer, faminta, querendo mais e mais.

Pamela fez tudo isso lembrando e esquecendo, fazendo amor mais e mais vezes, como naqueles maravilhosos primeiros tempos do amor, desejando que eles nunca acabassem, até que finalmente, exaustas, ambas adormeceram nos braços uma da outra, temendo o amanhecer.

Ao sair do banho, Hope encontrou Pamela sentada na ponta da cama, com o álbum de fotografias nas mãos, chorando baixinho. Ela se aprumou quando viu Hope.

— Desculpe. Não quero tornar as coisas mais difíceis do que já são. Eu ainda não posso acreditar que você não vai voltar comigo, que você não vai voltar nunca mais — disse Pamela, olhando para Hope.

Hope tomou a cabeça de Pamela em suas mãos e a pressionou contra o estômago, mantendo-a assim até ela parar de chorar.

— Se tivéssemos sido sempre assim, você não estaria me deixando — disse Pamela.

Hope acariciou o seu rosto.

— Eu a amo e deixar você é uma das coisas mais difíceis que eu já fiz na minha vida. Mas isso vai nos salvar a ambas. É difícil pensar nisso agora.

— É impossível.

— Pamela, você é forte. Você vai conseguir superar isso e sentirá orgulho mais tarde.

— Você fala como uma terapeuta.

– Não, eu falo como Berlim.

– Eu gostei dela. Falei com ela num dos poucos momentos em que deixei minha babaquice de lado por tempo suficiente para apreciar algumas coisas. Nunca se sabe. Talvez eu e Emerson possamos até falar uma com a outra algum dia.

– Você ia gostar dela. Ela é tão obstinada e dedicada quanto você.

– Eu não sou – disse Pamela, puxando Hope para a cama e abraçando-a.

– Posso ligar para você de vez em quando? – perguntou Pamela, parecendo mais vulnerável do que Hope jamais a havia visto.

– Pode. Agora é melhor irmos andando.

– Chame um táxi, Hope. Prefiro me despedir de você aqui do que no aeroporto. É triste demais.

– Ok.

Com lágrimas rolando pela face e a mão pressionada contra o vidro da janela do táxi, Hope deixou Pamela partir, pensando: "Por favor, não permita que essa seja a última vez que eu a vejo".

Hope estava começando a entender como devia ter sido difícil para Emerson abrir mão de Angel, não tendo se despedido dela e sabendo que jamais voltaria a vê-la. Era estranho. Há três dias ela estava furiosa com Pamela, e agora estava triste e assustada.

Hope subiu apressadamente os degraus, pegou suas coisas e partiu, sentindo que precisava do trajeto que tinha à sua frente.

Ela estava a meio caminho de Heroy quando desviou para o acostamento para descansar um pouco. A enormidade do que estava fazendo repentinamente abateu-se sobre ela. Aquilo era realmente o fim. Elas haviam dito adeus e não haveria mais volta. Ela continuava vendo o rosto de Pamela através da janela do táxi.

Hope sentou-se sobre uma pedra de onde se via todo o vale e soluçou. Sentiu-se mal. Talvez não tivesse sido uma boa idéia dizer adeus dessa maneira. Se ela pelo menos não tivesse visto a dor no rosto de Pamela. Se ela não a tivesse abraçado, feito amor com ela pela última vez, talvez tivesse sido mais fácil. "Essas imagens vão me perseguir até o fim dos meus dias", pensou Hope.

Será que Emerson ou Hope alguma vez se veriam livres de seu passado, ou será que Berlim tinha razão quando disse que se podia amar a própria namorada, mas que era preciso aprender a conviver com o passado dela porque ele também faz parte do seu relacionamento com ela? Amá-la é a parte mais fácil da brincadeira – lidar com os seus fantasmas já era mais difícil. De uma coisa Hope tinha certeza: nunca mais magoaria alguém como havia feito com Pamela. Desta vez ela precisava ser uma esposa melhor do que havia sido no primeiro casamento.

16

– Você está com uma cara de merda – disse Emerson sorrindo de orelha a orelha e mal reprimindo a urgência de erguer Hope nos braços e apertá-la com força. Ela parecia frágil e cansada.

– Se essa é a sua maneira de me dar as boas-vindas quando eu volto para casa... – disse Hope, jogando-se na cama. Ela estava se sentindo como se não dormisse há semanas.

– Você está em casa?

– Sim.

– Senti saudades. Está tudo bem?

– Estou cansada e um pouco triste.

– É difícil dizer adeus.

– Como você está? – perguntou Hope, pensando que havia estado profundamente apaixonada por duas mulheres nos últimos dois dias e que ambas haviam lhe exigido muito.

– Eu pensei a respeito e sei que você dormiu com ela – disse Emerson, sentando-se ao seu lado.

Hope deixou cair a cabeça numa resignação absoluta.

– Droga.

– Você dormiu com ela, não é verdade?

– É verdade, dormi.

– Ok, então isto já está resolvido. O que você quer para o almoço? Eu estou faminta.

– Como você pode pensar em comer numa hora dessas?

– É fácil. Venha.

– Emerson, eu não posso sair para almoçar depois de ter confessado um adultério, ou seja lá o que isso for.

– Eu não queria aborrecê-la. Só queria saber se você tinha

dormido com ela, isso é tudo. Você dormiu. E não mentiu para mim. Bola para frente.

– Simples assim?

– É. Agora eu sei que você não mente. Confio em você completamente.

– Emerson...

– Hope, eu a amo e compreendo o que aconteceu. Vamos comer, depois você pode tirar uma soneca.

– Você voltou! – disse Rachel, vendo-as entrar no café.

Hope sentou-se, parecendo a própria imagem do abatimento.

– Qual o é problema? – perguntou Rachel.

– Ela dormiu com Pamela – respondeu Emerson. – Hoje tem aquele sanduíche de atum?

– O quê? – disse Rachel, parando repentinamente.

– O sanduíche de salada de atum – disse Emerson.

– Não, a parte de Hope ter dormido com Pamela – disse Rachel.

– Ah, isso. Eu não sei, pergunte a Hope.

Hope pousou a cabeça sobre o balcão e rosnou.

– O que há de errado com ela? – perguntou Berlim, saindo da cozinha.

– Ela dormiu com Pamela – respondeu Rachel.

– Uma despedida? – disse Berlim, tocando o topo da cabeça de Hope.

Hope ergueu os olhos.

– Não acredito que estamos discutindo isso.

– Por que não? – perguntou Emerson.

– Porque não é normal. Eu estou apaixonada por você, dormi com a minha mulher e agora estou discutindo o fato com minhas amigas – respondeu Hope parecendo completamente confusa.

– Ex-mulher – corrigiu Emerson.

– Ex-mulher.

– É isso que você quer que ela seja? – perguntou Emerson.

– Sim, é isso que ela é.

– Ótimo. Agora quanto ao sanduíche...

– Emerson, eu não estou entendendo nada – disse Hope.

– O que há para entender? Está feito.

– Você não está zangada? – perguntou Hope.

– Deveria?

– Eu talvez estivesse se fosse você – respondeu Hope.

– É, mas eu dormi com você quando você ainda era a mulher dela e você dormiu com ela já sendo minha mulher. Agora eu e Pamela estamos quites.

– E eu sou o quê? Uma adúltera em dose dupla!

– Não, você é a Hope e eu a amo – disse Emerson, abraçando-a.

– Eu sou a sua mulher?

– Eu gostaria muito que fosse – disse Emerson.

– Que coisa mais doce – disse Berlim.

– Psicótica, isso sim – disse Rachel.

– Seja um pouco mais sensível, Rachel – disse Berlim.

– Eu tento. Só acho que não seria capaz de suportar uma coisa dessas.

– Isso porque você é uma idealista que acha que as coisas se resumem a preto e branco, e a vida não é assim. Meu Deus, como foi que você se transformou numa pessoa tão dura? – disse Berlim.

– Sabe de uma coisa? Eu estou começando a achar que vocês não gostam de ter a mim como filha. Vocês sempre me defenderam e agora não fazem outra coisa senão me criticar. Talvez vocês devessem encontrar outra pessoa para ser a sua filha, uma vez que eu não pareço ser o que vocês querem – disse Rachel, saindo tempestuosamente do café.

– Ah, que ótimo! – disse Hope, levantando-se e indo embora.

Emerson e Berlim as observaram sair.

– Ainda quer o sanduíche de salada de atum? – perguntou Berlim.

– Sim.

– Por que você não está correndo atrás delas?

– Porque aquilo que as está incomodando na verdade não tem nada a ver comigo. Elas estão precisando esfriar a cabeça. Eu vou comer. Hope vai tirar uma soneca e mais tarde poderemos conversar a respeito disso tudo.

– Emerson, eu quero que saiba que estou muito orgulhosa de você. Você está crescendo e está se saindo muito bem.

– Obrigada. Agora, onde está o meu sanduíche? Eu estou morrendo de fome.

– O amor aumenta o seu apetite?

– Sim.

– Que bom.

– Rachel, espere – disse Hope, indo atrás dela.

Rachel voltou-se para ela.

– O que você está fazendo?

– Eu não sei. Estou confusa.

– Você ainda ama Pamela?

– De certa maneira. Mas eu quero ficar com Emerson.

– Então por que dormiu com ela?

– Eu não sei exatamente. Nós estávamos lá, conversando, recordando e então aconteceu. Eu não me arrependo.

– Hope, como você pode dizer uma coisa dessas? Você cometeu uma grave indiscrição. Começar uma vida com Emerson no rastro de um desastre desses e achar que está tudo bem.

– As coisas entre nós começaram muito antes disso. Por que você está tão chateada com isso?

– Não sei, só estou.

– Vamos beber alguma coisa e conversar. Estou precisando de um uísque bem forte.

– Está bem. Você está com um aspecto horrível, sabia? Suponho que tenha passado a maior parte da noite acordada, trepando.

– Rachel, pare com isso.

– Não consigo.

– Será que pode pelo menos esperar até chegarmos no bar?

– Está bem.

O salão estava tranqüilo. Elas se sentaram numa mesa no fundo. Hope bebericou o seu uísque lentamente enquanto Rachel mandou ver duas tequilas com cerveja.

– Não sei como você consegue fazer isso.

– Fazer o quê? – perguntou Rachel.

– Tomar cerveja com tequila.

– Eu nunca pude compreender como é que você bebe essa merda.

– Uísque é bom.

– Um gosto adquirido, eu suponho.

– Rachel, qual é o verdadeiro problema?

– Não sou eu quem está precisando dar explicações.

– É sim. Você é a única pessoa que ficou irritada com a história.

– Eu só não acho que tenha sido uma boa idéia dormir com Pamela. Essa não é uma maneira apropriada de fechar as coisas e acho que isso vai acabar magoando todas vocês.

– Por quê?

– Porque você está enviando sinais mistos. Você diz adeus a Pamela e faz amor com ela, aí volta e conta tudo a Emerson. O que ela deve concluir disso tudo? Talvez você tenha terminado com Pamela, talvez não. Isso não é bom.

– Nunca se termina definitivamente com uma pessoa, Rachel. Sua relação com ela pode mudar, mas todas as pessoas que passam pela sua vida passam a fazer parte dela. Não é como um contrato que expira e pronto.

– Eu sei.

– Isso incomoda você?

– Não sei. Eu com certeza tenho que abrir mão de algumas coisas, mas estou tendo dificuldade em fazê-lo. Eu preciso aprender a dizer adeus. Mas parece que não sou capaz de fazê-lo.

– De Emerson?

– Emerson e... você. Eu a amo, Hope. Sempre amei. Eu nunca achei que Pamela a deixaria partir. As dores de um amor não correspondido. Aí está. Eu confesso.

– Rachel...

– Não diga. Eu sei. Você nunca pensou em mim dessa maneira. Ninguém pensa.

– Lily pensa. Só que você não lhe dá uma brecha. Pamela fazia isso comigo. É uma coisa muito ruim, Rachel. Você tem que aprender a compartilhar.

– Você fala como Berlim.

– Pode ser. Quando eu crescer, quero ser igual a ela – disse Hope, recostando-se na cadeira.

Rachel pediu mais uma rodada.

– Agora me diga, o que você vai fazer esse semestre?

– A mesma merda de sempre. E me esconder da sua ex-mulher. Talvez Lily peça transferência. Estará próxima, de uma maneira ou de outra. Eu não quero que ela faça alguma coisa da qual possa se arrepender mais tarde.

– Você tem que assumir alguns riscos. Uma vida segura é uma vida estéril. Algumas vezes, a bagunça é bem melhor.

– O que você vai fazer?

– Vou pegar o meu fundo de garantia em dezembro e estou flertando com a idéia de abrir uma livraria. É o meu plano mais recente.

– E as galinhas?

– Eu posso criar galinhas e ter uma livraria. Eu quero ter um lar. Um lar de verdade, com jantar às seis, jardim, coquetéis na varanda, um balanço, galinhas e crianças por toda a parte.

– Eu nuca imaginei que você fosse do tipo rural.

– A cidade me deixou magra, nervosa e pálida. Eu gosto daqui.

– Fico feliz.

– Mesmo?

– Mesmo. Agora termine a sua bebida. Tenho certeza de que sua mulher está esperando ansiosamente pela sua chegada.

– Que mulher?

– Você está me provocando, espero.

– Estou.

Emerson não estava em casa quando Hope chegou. Hope deitou-se na cama para esperá-la e adormeceu quase imediatamente.

Foi assim que Emerson a encontrou, um braço pendendo graciosamente para fora da cama, uma profusão de cabelos loiros sobre o travesseiro. Ela pegou o seu bloco de rascunho e desenhou-a lentamente, cada linha um tributo ao amor.

Ela não podia acreditar que aquela mulher adorável deitada

na sua cama queria ser a sua mulher, que Hope havia deixado outra mulher por estar loucamente apaixonada por ela.

Talvez Deus a tenha feito passar pelo inferno para que ela encontrasse Hope e construísse uma vida com ela. Tudo o que ela queria era poder voltar para casa toda noite e ficar com Hope, ter um lar junto com ela, acordar ao seu lado, comprar uma cama e uma mesa e todas aquelas pequenas coisas domésticas das quais ela havia se esquivado, por considerá-las mundanas. Agora ela as desejava ardentemente. "Eu quero me sentar à mesa de jantar na sua frente e saber que mais tarde a terei nos braços, esta noite e todas as outras."

Hope se agitou e abriu os olhos, encontrando Emerson observando-a.

— Eu não estava babando, estava?

— Não. Desculpe. Eu sei que não é nada gentil observar alguém dormindo. As pessoas ficam muito vulneráveis nesta situação, mas eu não pude evitar.

— Venha cá, minha pequena *voyeur*.

Emerson a tomou nos braços.

— Você vai mesmo ficar aqui comigo? — disse Emerson.

— É claro, sua boba. Todas as questões pendentes...

— Transformaram-se num coração partido — disse Emerson.

— Você lamenta por ela, não é mesmo?

— Eu não posso imaginar a minha vida sem você. Perder alguém dói muito.

— Você é tão sensível. É por isso que eu a amo.

— Ela vai ficar bem?

— Não sei. Espero que sim. Você não fez nada, Emerson, a não ser amar alguém que correspondeu a esse amor. Por favor, não se sinta mal.

— Mas você está se sentindo mal.

— Estou, mas não posso ficar com ela só por causa disso.

— Eu sei, e não quero que você faça isso. Eu posso ser sensível, mas também sou gananciosa. Quero você inteirinha só para mim.

— E aquele sanduíche?

— Você está com fome?

— Estou.

– Eu também – disse Emerson, beijando o pescoço de Hope e acariciando os seus seios.

– Mas pelo jeito não é de comida – disse Hope, correndo seus dedos pelo cabelo de Emerson, enquanto os lábios de sua amada descreviam uma trilha pelo seu estômago.

– Não, não é de comida.

– Acho que o sanduíche pode ficar para mais tarde – disse Hope, fechando os olhos.